COFFEE NAME ______________________________ DATE ______________

BEVERAGE ______________________________

PLACE TASTED ______________________________ PRICE ______________

COUNTRY / REGION ______________________________

COMPANY ______________________________

TESTING RATING

	0.5	1	1.5	2	2.5	3	3.5	4	4.5	5
APPEARANCE										
AROMA										
FLAVOR										

	0.5	1	1.5	2	2.5	3	3.5	4	4.5	5
SWEET										
ACIDIC										
SPICY										
CITRUS										
CHOCOLATE										
CARAMEL										
BITTER										
SAVORY										

BREW METHOD

DRIP ☐   ESPRESSO ☐   PRESS ☐

POUR-OVER ☐   SIPHON ☐   OTHER ______

NOTES ______________________________

____

____

____

____

____

____

____

____

RECOMMEND TO ______________________________

____

____

____

____

____

____

____

____

COFFEE NAME ________________________________   DATE ______________

BEVERAGE ____

PLACE TASTED _______________________________   PRICE ______________

COUNTRY / REGION ___________________________

COMPANY ___________________________________

TESTING RATING

	0.5	1	1.5	2	2.5	3	3.5	4	4.5	5
APPEARANCE										
AROMA										
FLAVOR										

	0.5	1	1.5	2	2.5	3	3.5	4	4.5	5
SWEET										
ACIDIC										
SPICY										
CITRUS										
CHOCOLATE										
CARAMEL										
BITTER										
SAVORY										

BREW METHOD

DRIP ☐   ESPRESSO ☐   PRESS ☐

POUR-OVER ☐   SIPHON ☐   OTHER ______

NOTES ________________

____

____

____

____

____

____

RECOMMEND TO ________________

____

____

____

____

____

____

COFFEE NAME _______________________________   DATE _________________

BEVERAGE ____

PLACE TASTED _______________________________   PRICE _______________

COUNTRY / REGION _______________________________

COMPANY _______________________________

TESTING RATING

	0.5	1	1.5	2	2.5	3	3.5	4	4.5	5
APPEARANCE										
AROMA										
FLAVOR										

	0.5	1	1.5	2	2.5	3	3.5	4	4.5	5
SWEET										
ACIDIC										
SPICY										
CITRUS										
CHOCOLATE										
CARAMEL										
BITTER										
SAVORY										

BREW METHOD

DRIP ☐   ESPRESSO ☐   PRESS ☐

POUR-OVER ☐   SIPHON ☐   OTHER _________

NOTES _______________________________

____

____

____

____

____

____

____

RECOMMEND TO _______________________________

____

____

____

____

____

____

____

COFFEE NAME _______________________________   DATE _______________

BEVERAGE _______________________________

PLACE TASTED _______________________________   PRICE _______________

COUNTRY / REGION _______________________________

COMPANY _______________________________

TESTING RATING

	0.5	1	1.5	2	2.5	3	3.5	4	4.5	5
APPEARANCE										
AROMA										
FLAVOR										

	0.5	1	1.5	2	2.5	3	3.5	4	4.5	5
SWEET										
ACIDIC										
SPICY										
CITRUS										
CHOCOLATE										
CARAMEL										
BITTER										
SAVORY										

BREW METHOD

DRIP ☐   ESPRESSO ☐   PRESS ☐

POUR-OVER ☐   SIPHON ☐   OTHER _______

NOTES _______________________________

____

____

____

____

____

____

____

____

RECOMMEND TO _______________________________

____

____

____

____

____

____

____

____

COFFEE NAME _______________________   DATE _______________________

BEVERAGE _______________________

PLACE TASTED _______________________   PRICE _______________________

COUNTRY / REGION _______________________

COMPANY _______________________

TESTING RATING

	0.5	1	1.5	2	2.5	3	3.5	4	4.5	5
APPEARANCE										
AROMA										
FLAVOR										

	0.5	1	1.5	2	2.5	3	3.5	4	4.5	5
SWEET										
ACIDIC										
SPICY										
CITRUS										
CHOCOLATE										
CARAMEL										
BITTER										
SAVORY										

BREW METHOD

DRIP ☐   ESPRESSO ☐   PRESS ☐

POUR-OVER ☐   SIPHON ☐   OTHER _______________________

NOTES _______________________

RECOMMEND TO _______________________

COFFEE NAME ______________________________ DATE ______________

BEVERAGE ______________________________

PLACE TASTED ______________________________ PRICE ______________

COUNTRY / REGION ______________________________

COMPANY ______________________________

TESTING RATING

	0.5	1	1.5	2	2.5	3	3.5	4	4.5	5
APPEARANCE										
AROMA										
FLAVOR										

	0.5	1	1.5	2	2.5	3	3.5	4	4.5	5
SWEET										
ACIDIC										
SPICY										
CITRUS										
CHOCOLATE										
CARAMEL										
BITTER										
SAVORY										

BREW METHOD

DRIP ☐   ESPRESSO ☐   PRESS ☐

POUR-OVER ☐   SIPHON ☐   OTHER ______

NOTES ______________________________

____

____

____

____

____

____

RECOMMEND TO ______________

____

____

____

____

____

____

COFFEE NAME ___________________________ DATE ___________________

BEVERAGE ___________________________

PLACE TASTED ___________________________ PRICE ___________________

COUNTRY / REGION ___________________________

COMPANY ___________________________

TESTING RATING

	0.5	1	1.5	2	2.5	3	3.5	4	4.5	5
APPEARANCE										
AROMA										
FLAVOR										

	0.5	1	1.5	2	2.5	3	3.5	4	4.5	5
SWEET										
ACIDIC										
SPICY										
CITRUS										
CHOCOLATE										
CARAMEL										
BITTER										
SAVORY										

BREW METHOD

DRIP ☐   ESPRESSO ☐   PRESS ☐

POUR-OVER ☐   SIPHON ☐   OTHER __________

NOTES

____

____

____

____

____

____

____

RECOMMEND TO ___________________

____

____

____

____

____

____

____

COFFEE NAME ___________________________   DATE ___________________

BEVERAGE ___________________________________

PLACE TASTED ___________________________   PRICE ___________________

COUNTRY / REGION ___________________________

COMPANY ___________________________________

TESTING RATING

	0.5	1	1.5	2	2.5	3	3.5	4	4.5	5
APPEARANCE										
AROMA										
FLAVOR										

	0.5	1	1.5	2	2.5	3	3.5	4	4.5	5
SWEET										
ACIDIC										
SPICY										
CITRUS										
CHOCOLATE										
CARAMEL										
BITTER										
SAVORY										

BREW METHOD

DRIP ☐   ESPRESSO ☐   PRESS ☐

POUR-OVER ☐   SIPHON ☐   OTHER ___________

NOTES ___________________________

____

____

____

____

____

____

____

RECOMMEND TO ___________________________

____

____

____

____

____

____

____

COFFEE NAME _________________________________ DATE ___________________

BEVERAGE _________________________________

PLACE TASTED ____________________________ PRICE ___________________

COUNTRY / REGION ________________________

COMPANY ________________________________

TESTING RATING

	0.5	1	1.5	2	2.5	3	3.5	4	4.5	5
APPEARANCE										
AROMA										
FLAVOR										

	0.5	1	1.5	2	2.5	3	3.5	4	4.5	5
SWEET										
ACIDIC										
SPICY										
CITRUS										
CHOCOLATE										
CARAMEL										
BITTER										
SAVORY										

BREW METHOD

DRIP ☐ ESPRESSO ☐ PRESS ☐

POUR-OVER ☐ SIPHON ☐ OTHER ________

NOTES __________________________________

RECOMMEND TO __________________________

COFFEE NAME ________________________________ DATE ________________

BEVERAGE ________________________________

PLACE TASTED ________________________ PRICE ________________

COUNTRY / REGION ________________________

COMPANY ________________________

TESTING RATING

	0.5	1	1.5	2	2.5	3	3.5	4	4.5	5
APPEARANCE										
AROMA										
FLAVOR										

	0.5	1	1.5	2	2.5	3	3.5	4	4.5	5
SWEET										
ACIDIC										
SPICY										
CITRUS										
CHOCOLATE										
CARAMEL										
BITTER										
SAVORY										

BREW METHOD

DRIP ☐   ESPRESSO ☐   PRESS ☐

POUR-OVER ☐   SIPHON ☐   OTHER ________

NOTES ________________________

____

____

____

____

____

____

____

RECOMMEND TO ________________

____

____

____

____

____

____

____

COFFEE NAME ______________________________   DATE ________________

BEVERAGE ______________________________

PLACE TASTED ______________________________   PRICE ________________

COUNTRY / REGION ______________________________

COMPANY ______________________________

TESTING RATING

	0.5	1	1.5	2	2.5	3	3.5	4	4.5	5
APPEARANCE										
AROMA										
FLAVOR										

	0.5	1	1.5	2	2.5	3	3.5	4	4.5	5
SWEET										
ACIDIC										
SPICY										
CITRUS										
CHOCOLATE										
CARAMEL										
BITTER										
SAVORY										

BREW METHOD

DRIP ☐   ESPRESSO ☐   PRESS ☐

POUR-OVER ☐   SIPHON ☐   OTHER ________

NOTES ______________________________

____

____

____

____

____

____

____

RECOMMEND TO ________________

____

____

____

____

____

____

____

COFFEE NAME ____________________________________   DATE _______________

BEVERAGE ________________________________

PLACE TASTED _______________________________   PRICE _______________

COUNTRY / REGION _______________________

COMPANY ________________________________

TESTING RATING

	0.5	1	1.5	2	2.5	3	3.5	4	4.5	5
APPEARANCE										
AROMA										
FLAVOR										

	0.5	1	1.5	2	2.5	3	3.5	4	4.5	5
SWEET										
ACIDIC										
SPICY										
CITRUS										
CHOCOLATE										
CARAMEL										
BITTER										
SAVORY										

BREW METHOD

DRIP ☐   ESPRESSO ☐   PRESS ☐

POUR-OVER ☐   SIPHON ☐   OTHER _________

NOTES ____________________________   RECOMMEND TO _______________

________________________________   ________________________________

________________________________   ________________________________

________________________________   ________________________________

________________________________   ________________________________

________________________________   ________________________________

________________________________   ________________________________

________________________________   ________________________________

COFFEE NAME ________________________________ DATE ________________________

BEVERAGE ____

PLACE TASTED ________________________________ PRICE ________________________

COUNTRY / REGION ________________________________

COMPANY ________________________________

TESTING RATING

	0.5	1	1.5	2	2.5	3	3.5	4	4.5	5
APPEARANCE										
AROMA										
FLAVOR										

	0.5	1	1.5	2	2.5	3	3.5	4	4.5	5
SWEET										
ACIDIC										
SPICY										
CITRUS										
CHOCOLATE										
CARAMEL										
BITTER										
SAVORY										

BREW METHOD

DRIP ☐   ESPRESSO ☐   PRESS ☐

POUR-OVER ☐   SIPHON ☐   OTHER ________

NOTES ________________________________

____

____

____

____

____

____

____

RECOMMEND TO ________________________________

____

____

____

____

____

____

____

COFFEE NAME _______________________________   DATE _______________

BEVERAGE _______________________________

PLACE TASTED _______________________________   PRICE _______________

COUNTRY / REGION _______________________________

COMPANY _______________________________

TESTING RATING

	0.5	1	1.5	2	2.5	3	3.5	4	4.5	5
APPEARANCE										
AROMA										
FLAVOR										

	0.5	1	1.5	2	2.5	3	3.5	4	4.5	5
SWEET										
ACIDIC										
SPICY										
CITRUS										
CHOCOLATE										
CARAMEL										
BITTER										
SAVORY										

BREW METHOD

DRIP ☐   ESPRESSO ☐   PRESS ☐

POUR-OVER ☐   SIPHON ☐   OTHER _______

NOTES _______________________________

____
____
____
____
____
____
____
____

RECOMMEND TO _______________________________

____
____
____
____
____
____
____
____

COFFEE NAME _______________________________ DATE _______________________

BEVERAGE _____________________________________

PLACE TASTED _______________________________ PRICE ______________________

COUNTRY / REGION _______________________________

COMPANY _______________________________

TESTING RATING

	0.5	1	1.5	2	2.5	3	3.5	4	4.5	5
APPEARANCE										
AROMA										
FLAVOR										

	0.5	1	1.5	2	2.5	3	3.5	4	4.5	5
SWEET										
ACIDIC										
SPICY										
CITRUS										
CHOCOLATE										
CARAMEL										
BITTER										
SAVORY										

BREW METHOD

DRIP ☐   ESPRESSO ☐   PRESS ☐

POUR-OVER ☐   SIPHON ☐   OTHER __________

NOTES _______________________________

____

____

____

____

____

____

____

RECOMMEND TO _______________________________

____

____

____

____

____

____

COFFEE NAME _________________________________   DATE _________________

BEVERAGE _________________________________

PLACE TASTED _________________________   PRICE _________________

COUNTRY / REGION _________________________

COMPANY _________________________________

TESTING RATING

	0.5	1	1.5	2	2.5	3	3.5	4	4.5	5
APPEARANCE										
AROMA										
FLAVOR										

	0.5	1	1.5	2	2.5	3	3.5	4	4.5	5
SWEET										
ACIDIC										
SPICY										
CITRUS										
CHOCOLATE										
CARAMEL										
BITTER										
SAVORY										

BREW METHOD

DRIP ☐   ESPRESSO ☐   PRESS ☐

POUR-OVER ☐   SIPHON ☐   OTHER _________

NOTES _________________________________

____

____

____

____

____

____

RECOMMEND TO _________________________________

____

____

____

____

____

____

COFFEE NAME ______________________________   DATE ______________________

BEVERAGE ________________________________

PLACE TASTED ____________________________   PRICE _____________________

COUNTRY / REGION ________________________

COMPANY _________________________________

TESTING RATING

	0.5	1	1.5	2	2.5	3	3.5	4	4.5	5
APPEARANCE										
AROMA										
FLAVOR										

	0.5	1	1.5	2	2.5	3	3.5	4	4.5	5
SWEET										
ACIDIC										
SPICY										
CITRUS										
CHOCOLATE										
CARAMEL										
BITTER										
SAVORY										

BREW METHOD

DRIP ☐   ESPRESSO ☐   PRESS ☐

POUR-OVER ☐   SIPHON ☐   OTHER __________

NOTES ______________________________   RECOMMEND TO ______________________

__________________________________   __________________________________

__________________________________   __________________________________

__________________________________   __________________________________

__________________________________   __________________________________

__________________________________   __________________________________

__________________________________   __________________________________

__________________________________   __________________________________

__________________________________   __________________________________

COFFEE NAME ____________________________________ DATE ____________________

BEVERAGE ____________________________________

PLACE TASTED ____________________________ PRICE ____________________

COUNTRY / REGION ____________________________

COMPANY ____________________________________

TESTING RATING

	0.5	1	1.5	2	2.5	3	3.5	4	4.5	5
APPEARANCE										
AROMA										
FLAVOR										

	0.5	1	1.5	2	2.5	3	3.5	4	4.5	5
SWEET										
ACIDIC										
SPICY										
CITRUS										
CHOCOLATE										
CARAMEL										
BITTER										
SAVORY										

BREW METHOD

DRIP ☐   ESPRESSO ☐   PRESS ☐

POUR-OVER ☐   SIPHON ☐   OTHER __________

NOTES ____________________________

____

____

____

____

____

____

____

RECOMMEND TO ____________________________

____

____

____

____

____

____

____

COFFEE NAME ________________________________   DATE ________________

BEVERAGE ________________________________

PLACE TASTED ________________________   PRICE ________________

COUNTRY / REGION ________________________

COMPANY ________________________________

TESTING RATING

	0.5	1	1.5	2	2.5	3	3.5	4	4.5	5
APPEARANCE										
AROMA										
FLAVOR										

	0.5	1	1.5	2	2.5	3	3.5	4	4.5	5
SWEET										
ACIDIC										
SPICY										
CITRUS										
CHOCOLATE										
CARAMEL										
BITTER										
SAVORY										

BREW METHOD

DRIP ☐   ESPRESSO ☐   PRESS ☐

POUR-OVER ☐   SIPHON ☐   OTHER ________

NOTES

____

____

____

____

____

____

____

____

RECOMMEND TO ________________

____

____

____

____

____

____

____

____

COFFEE NAME _______________________   DATE _______________

BEVERAGE _______________________________

PLACE TASTED _______________________   PRICE _______________

COUNTRY / REGION _______________________

COMPANY _______________________________

TESTING RATING

	0.5	1	1.5	2	2.5	3	3.5	4	4.5	5
APPEARANCE										
AROMA										
FLAVOR										

	0.5	1	1.5	2	2.5	3	3.5	4	4.5	5
SWEET										
ACIDIC										
SPICY										
CITRUS										
CHOCOLATE										
CARAMEL										
BITTER										
SAVORY										

BREW METHOD

DRIP ☐   ESPRESSO ☐   PRESS ☐

POUR-OVER ☐   SIPHON ☐   OTHER _______

NOTES _______________________

____

____

____

____

____

____

____

RECOMMEND TO _______________

____

____

____

____

____

____

____

COFFEE NAME ______________________________   DATE ______________________

BEVERAGE ______________________________

PLACE TASTED ______________________________   PRICE ______________________

COUNTRY / REGION ______________________________

COMPANY ______________________________

TESTING RATING

	0.5	1	1.5	2	2.5	3	3.5	4	4.5	5
APPEARANCE										
AROMA										
FLAVOR										

	0.5	1	1.5	2	2.5	3	3.5	4	4.5	5
SWEET										
ACIDIC										
SPICY										
CITRUS										
CHOCOLATE										
CARAMEL										
BITTER										
SAVORY										

BREW METHOD

DRIP ☐   ESPRESSO ☐   PRESS ☐

POUR-OVER ☐   SIPHON ☐   OTHER __________

NOTES ______________________________

____

____

____

____

____

____

____

RECOMMEND TO ______________________________

____

____

____

____

____

____

____

COFFEE NAME ______________________________   DATE ______________

BEVERAGE ______________________________

PLACE TASTED ______________________________   PRICE ______________

COUNTRY / REGION ______________________________

COMPANY ______________________________

TESTING RATING

	0.5	1	1.5	2	2.5	3	3.5	4	4.5	5
APPEARANCE										
AROMA										
FLAVOR										

	0.5	1	1.5	2	2.5	3	3.5	4	4.5	5
SWEET										
ACIDIC										
SPICY										
CITRUS										
CHOCOLATE										
CARAMEL										
BITTER										
SAVORY										

BREW METHOD

DRIP ☐   ESPRESSO ☐   PRESS ☐

POUR-OVER ☐   SIPHON ☐   OTHER ________

NOTES ______________________________

____

____

____

____

____

____

RECOMMEND TO ______________________________

____

____

____

____

____

COFFEE NAME _______________________________   DATE _______________________

BEVERAGE _______________________________

PLACE TASTED _______________________________   PRICE _______________________

COUNTRY / REGION _______________________________

COMPANY _______________________________

TESTING RATING

	0.5	1	1.5	2	2.5	3	3.5	4	4.5	5
APPEARANCE										
AROMA										
FLAVOR										

	0.5	1	1.5	2	2.5	3	3.5	4	4.5	5
SWEET										
ACIDIC										
SPICY										
CITRUS										
CHOCOLATE										
CARAMEL										
BITTER										
SAVORY										

BREW METHOD

DRIP ☐   ESPRESSO ☐   PRESS ☐

POUR-OVER ☐   SIPHON ☐   OTHER _________

NOTES _______________________________

____

____

____

____

____

____

____

RECOMMEND TO _______________________________

____

____

____

____

____

____

____

COFFEE NAME _______________________________   DATE _______________

BEVERAGE _______________________________________

PLACE TASTED _______________________________   PRICE _______________

COUNTRY / REGION _______________________________

COMPANY _______________________________________

TESTING RATING

	0.5	1	1.5	2	2.5	3	3.5	4	4.5	5
APPEARANCE										
AROMA										
FLAVOR										

	0.5	1	1.5	2	2.5	3	3.5	4	4.5	5
SWEET										
ACIDIC										
SPICY										
CITRUS										
CHOCOLATE										
CARAMEL										
BITTER										
SAVORY										

BREW METHOD

DRIP ☐   ESPRESSO ☐   PRESS ☐

POUR-OVER ☐   SIPHON ☐   OTHER _______

NOTES _______________________________

____

____

____

____

____

____

____

RECOMMEND TO _______________________________

____

____

____

____

____

____

____

COFFEE NAME ________________________   DATE ________________________

BEVERAGE ________________________

PLACE TASTED ________________________   PRICE ________________________

COUNTRY / REGION ________________________

COMPANY ________________________

TESTING RATING

	0.5	1	1.5	2	2.5	3	3.5	4	4.5	5
APPEARANCE										
AROMA										
FLAVOR										

	0.5	1	1.5	2	2.5	3	3.5	4	4.5	5
SWEET										
ACIDIC										
SPICY										
CITRUS										
CHOCOLATE										
CARAMEL										
BITTER										
SAVORY										

BREW METHOD

DRIP ☐   ESPRESSO ☐   PRESS ☐

POUR-OVER ☐   SIPHON ☐   OTHER ________

NOTES ________________________

RECOMMEND TO ________________________

COFFEE NAME ______________________________ DATE ________________

BEVERAGE ____

PLACE TASTED ______________________________ PRICE ________________

COUNTRY / REGION ______________________________

COMPANY ______________________________

TESTING RATING

	0.5	1	1.5	2	2.5	3	3.5	4	4.5	5
APPEARANCE										
AROMA										
FLAVOR										

	0.5	1	1.5	2	2.5	3	3.5	4	4.5	5
SWEET										
ACIDIC										
SPICY										
CITRUS										
CHOCOLATE										
CARAMEL										
BITTER										
SAVORY										

BREW METHOD

DRIP ☐   ESPRESSO ☐   PRESS ☐

POUR-OVER ☐   SIPHON ☐   OTHER ________

NOTES ______________________________

____

____

____

____

____

____

____

RECOMMEND TO ________________

____

____

____

____

____

____

____

COFFEE NAME ________________________ DATE ________________

BEVERAGE ________________________

PLACE TASTED ________________________ PRICE ________________

COUNTRY / REGION ________________________

COMPANY ________________________

TESTING RATING

	0.5	1	1.5	2	2.5	3	3.5	4	4.5	5
APPEARANCE										
AROMA										
FLAVOR										

	0.5	1	1.5	2	2.5	3	3.5	4	4.5	5
SWEET										
ACIDIC										
SPICY										
CITRUS										
CHOCOLATE										
CARAMEL										
BITTER										
SAVORY										

BREW METHOD

DRIP ☐   ESPRESSO ☐   PRESS ☐

POUR-OVER ☐   SIPHON ☐   OTHER ________

NOTES ________________________

____

____

____

____

____

____

____

RECOMMEND TO ________________________

____

____

____

____

____

____

____

COFFEE NAME ________________________   DATE ________________

BEVERAGE ________________________________

PLACE TASTED ________________________   PRICE ________________

COUNTRY / REGION ________________________

COMPANY ________________________________

TESTING RATING

	0.5	1	1.5	2	2.5	3	3.5	4	4.5	5
APPEARANCE										
AROMA										
FLAVOR										

	0.5	1	1.5	2	2.5	3	3.5	4	4.5	5
SWEET										
ACIDIC										
SPICY										
CITRUS										
CHOCOLATE										
CARAMEL										
BITTER										
SAVORY										

BREW METHOD

DRIP ☐   ESPRESSO ☐   PRESS ☐

POUR-OVER ☐   SIPHON ☐   OTHER ________

NOTES ________________________

____

____

____

____

____

____

____

RECOMMEND TO ________________

____

____

____

____

____

____

____

COFFEE NAME ________________________________   DATE ____________________

BEVERAGE ________________________________

PLACE TASTED ________________________________   PRICE ____________________

COUNTRY / REGION ________________________________

COMPANY ________________________________

TESTING RATING

	0.5	1	1.5	2	2.5	3	3.5	4	4.5	5
APPEARANCE										
AROMA										
FLAVOR										

	0.5	1	1.5	2	2.5	3	3.5	4	4.5	5
SWEET										
ACIDIC										
SPICY										
CITRUS										
CHOCOLATE										
CARAMEL										
BITTER										
SAVORY										

BREW METHOD

DRIP ☐   ESPRESSO ☐   PRESS ☐

POUR-OVER ☐   SIPHON ☐   OTHER ____________

NOTES ____________________

____

____

____

____

____

____

____

____

RECOMMEND TO ____________________

____

____

____

____

____

____

____

____

COFFEE NAME ____________________________ DATE ________________

BEVERAGE ____________________________

PLACE TASTED ____________________________ PRICE ________________

COUNTRY / REGION ____________________________

COMPANY ____________________________

TESTING RATING

	0.5	1	1.5	2	2.5	3	3.5	4	4.5	5
APPEARANCE										
AROMA										
FLAVOR										

	0.5	1	1.5	2	2.5	3	3.5	4	4.5	5
SWEET										
ACIDIC										
SPICY										
CITRUS										
CHOCOLATE										
CARAMEL										
BITTER										
SAVORY										

BREW METHOD

DRIP ☐   ESPRESSO ☐   PRESS ☐

POUR-OVER ☐   SIPHON ☐   OTHER ________

NOTES ____________________________

____

____

____

____

____

____

RECOMMEND TO ____________________________

____

____

____

____

____

____

COFFEE NAME ________________________________   DATE ________________________

BEVERAGE ____

PLACE TASTED ________________________________   PRICE ________________________

COUNTRY / REGION ________________________________

COMPANY ____

TESTING RATING

	0.5	1	1.5	2	2.5	3	3.5	4	4.5	5
APPEARANCE										
AROMA										
FLAVOR										

	0.5	1	1.5	2	2.5	3	3.5	4	4.5	5
SWEET										
ACIDIC										
SPICY										
CITRUS										
CHOCOLATE										
CARAMEL										
BITTER										
SAVORY										

BREW METHOD

DRIP ☐   ESPRESSO ☐   PRESS ☐

POUR-OVER ☐   SIPHON ☐   OTHER ________

NOTES

____

____

____

____

____

____

____

____

RECOMMEND TO

____

____

____

____

____

____

____

____

COFFEE NAME ______________________________ DATE ______________

BEVERAGE ______________________________

PLACE TASTED ______________________________ PRICE ______________

COUNTRY / REGION ______________________________

COMPANY ______________________________

TESTING RATING

	0.5	1	1.5	2	2.5	3	3.5	4	4.5	5
APPEARANCE										
AROMA										
FLAVOR										

	0.5	1	1.5	2	2.5	3	3.5	4	4.5	5
SWEET										
ACIDIC										
SPICY										
CITRUS										
CHOCOLATE										
CARAMEL										
BITTER										
SAVORY										

BREW METHOD

DRIP ☐   ESPRESSO ☐   PRESS ☐

POUR-OVER ☐   SIPHON ☐   OTHER ______

NOTES ______________________________

____

____

____

____

____

____

____

RECOMMEND TO ______________________________

____

____

____

____

____

____

COFFEE NAME ___________________________   DATE ___________________

BEVERAGE ___________________________

PLACE TASTED ___________________________   PRICE ___________________

COUNTRY / REGION ___________________________

COMPANY ___________________________

TESTING RATING

	0.5	1	1.5	2	2.5	3	3.5	4	4.5	5
APPEARANCE										
AROMA										
FLAVOR										

	0.5	1	1.5	2	2.5	3	3.5	4	4.5	5
SWEET										
ACIDIC										
SPICY										
CITRUS										
CHOCOLATE										
CARAMEL										
BITTER										
SAVORY										

BREW METHOD

DRIP ☐   ESPRESSO ☐   PRESS ☐

POUR-OVER ☐   SIPHON ☐   OTHER __________

NOTES ___________________________

____

____

____

____

____

____

____

RECOMMEND TO ___________________________

____

____

____

____

____

____

____

COFFEE NAME ________________________________   DATE ________________

BEVERAGE ____________________________________

PLACE TASTED ________________________   PRICE ________________

COUNTRY / REGION ____________________

COMPANY ____________________________

TESTING RATING

	0.5	1	1.5	2	2.5	3	3.5	4	4.5	5
APPEARANCE										
AROMA										
FLAVOR										

	0.5	1	1.5	2	2.5	3	3.5	4	4.5	5
SWEET										
ACIDIC										
SPICY										
CITRUS										
CHOCOLATE										
CARAMEL										
BITTER										
SAVORY										

BREW METHOD

DRIP ☐   ESPRESSO ☐   PRESS ☐

POUR-OVER ☐   SIPHON ☐   OTHER ________

NOTES ________________________

____

____

____

____

____

____

____

RECOMMEND TO ________________

____

____

____

____

____

____

____

COFFEE NAME ___________________________   DATE ___________________

BEVERAGE ___________________________

PLACE TASTED ___________________________   PRICE ___________________

COUNTRY / REGION ___________________________

COMPANY ___________________________

TESTING RATING

	0.5	1	1.5	2	2.5	3	3.5	4	4.5	5
APPEARANCE										
AROMA										
FLAVOR										

	0.5	1	1.5	2	2.5	3	3.5	4	4.5	5
SWEET										
ACIDIC										
SPICY										
CITRUS										
CHOCOLATE										
CARAMEL										
BITTER										
SAVORY										

BREW METHOD

DRIP ☐   ESPRESSO ☐   PRESS ☐

POUR-OVER ☐   SIPHON ☐   OTHER ___________

NOTES ___________________________

____

____

____

____

____

____

____

RECOMMEND TO ___________________________

____

____

____

____

____

____

____

COFFEE NAME ___________________________________   DATE ___________________

BEVERAGE ____

PLACE TASTED _______________________________   PRICE ___________________

COUNTRY / REGION _______________________________

COMPANY ____

TESTING RATING

	0.5	1	1.5	2	2.5	3	3.5	4	4.5	5
APPEARANCE										
AROMA										
FLAVOR										

	0.5	1	1.5	2	2.5	3	3.5	4	4.5	5
SWEET										
ACIDIC										
SPICY										
CITRUS										
CHOCOLATE										
CARAMEL										
BITTER										
SAVORY										

BREW METHOD

DRIP ☐   ESPRESSO ☐   PRESS ☐

POUR-OVER ☐   SIPHON ☐   OTHER _________

NOTES ____

____

____

____

____

____

____

____

RECOMMEND TO ____________________________________

____

____

____

____

____

____

____

COFFEE NAME ________________________________   DATE ________________

BEVERAGE ____

PLACE TASTED ________________________   PRICE ________________

COUNTRY / REGION ________________________

COMPANY ________________________________

TESTING RATING

	0.5	1	1.5	2	2.5	3	3.5	4	4.5	5
APPEARANCE										
AROMA										
FLAVOR										

	0.5	1	1.5	2	2.5	3	3.5	4	4.5	5
SWEET										
ACIDIC										
SPICY										
CITRUS										
CHOCOLATE										
CARAMEL										
BITTER										
SAVORY										

BREW METHOD

DRIP ☐   ESPRESSO ☐   PRESS ☐

POUR-OVER ☐   SIPHON ☐   OTHER ________

NOTES ________________________________

____

____

____

____

____

____

____

RECOMMEND TO ________________________

____

____

____

____

____

____

____

COFFEE NAME _______________________________   DATE _______________

BEVERAGE _______________________________

PLACE TASTED _______________________________   PRICE _______________

COUNTRY / REGION _______________________________

COMPANY _______________________________

TESTING RATING

	0.5	1	1.5	2	2.5	3	3.5	4	4.5	5
APPEARANCE										
AROMA										
FLAVOR										

	0.5	1	1.5	2	2.5	3	3.5	4	4.5	5
SWEET										
ACIDIC										
SPICY										
CITRUS										
CHOCOLATE										
CARAMEL										
BITTER										
SAVORY										

BREW METHOD

DRIP ☐   ESPRESSO ☐   PRESS ☐

POUR-OVER ☐   SIPHON ☐   OTHER _______________

NOTES _______________________________

____

____

____

____

____

____

____

RECOMMEND TO _______________________________

____

____

____

____

____

____

____

COFFEE NAME ______________________________ DATE ______________________

BEVERAGE ____________________________________

PLACE TASTED ______________________________ PRICE ______________________

COUNTRY / REGION ______________________

COMPANY ____________________________________

TESTING RATING

	0.5	1	1.5	2	2.5	3	3.5	4	4.5	5
APPEARANCE										
AROMA										
FLAVOR										

	0.5	1	1.5	2	2.5	3	3.5	4	4.5	5
SWEET										
ACIDIC										
SPICY										
CITRUS										
CHOCOLATE										
CARAMEL										
BITTER										
SAVORY										

BREW METHOD

DRIP ☐   ESPRESSO ☐   PRESS ☐

POUR-OVER ☐   SIPHON ☐   OTHER ________

NOTES ____________________________________

____

____

____

____

____

____

____

RECOMMEND TO ______________________

____

____

____

____

____

____

____

COFFEE NAME ______________________________   DATE ______________________

BEVERAGE ____________________________________

PLACE TASTED ______________________________   PRICE ______________________

COUNTRY / REGION ______________________________

COMPANY ______________________________

TESTING RATING

	0.5	1	1.5	2	2.5	3	3.5	4	4.5	5
APPEARANCE										
AROMA										
FLAVOR										

	0.5	1	1.5	2	2.5	3	3.5	4	4.5	5
SWEET										
ACIDIC										
SPICY										
CITRUS										
CHOCOLATE										
CARAMEL										
BITTER										
SAVORY										

BREW METHOD

DRIP ☐   ESPRESSO ☐   PRESS ☐

POUR-OVER ☐   SIPHON ☐   OTHER __________

NOTES ______________________________

____
____
____
____
____
____
____
____

RECOMMEND TO ______________________________

____
____
____
____
____
____
____
____

COFFEE NAME ______________________________   DATE ______________

BEVERAGE ________________________________

PLACE TASTED ____________________________   PRICE ______________

COUNTRY / REGION ________________________

COMPANY _________________________________

TESTING RATING

	0.5	1	1.5	2	2.5	3	3.5	4	4.5	5
APPEARANCE										
AROMA										
FLAVOR										

	0.5	1	1.5	2	2.5	3	3.5	4	4.5	5
SWEET										
ACIDIC										
SPICY										
CITRUS										
CHOCOLATE										
CARAMEL										
BITTER										
SAVORY										

BREW METHOD

DRIP ☐   ESPRESSO ☐   PRESS ☐

POUR-OVER ☐   SIPHON ☐   OTHER __________

NOTES ____________________________

____
____
____
____
____
____
____
____

RECOMMEND TO ____________________________

____
____
____
____
____
____
____
____

COFFEE NAME _________________________ DATE _______________

BEVERAGE ____

PLACE TASTED _____________________________ PRICE _______________

COUNTRY / REGION _______________________________

COMPANY _______________________________________

TESTING RATING

	0.5	1	1.5	2	2.5	3	3.5	4	4.5	5
APPEARANCE										
AROMA										
FLAVOR										

	0.5	1	1.5	2	2.5	3	3.5	4	4.5	5
SWEET										
ACIDIC										
SPICY										
CITRUS										
CHOCOLATE										
CARAMEL										
BITTER										
SAVORY										

BREW METHOD

DRIP ☐   ESPRESSO ☐   PRESS ☐

POUR-OVER ☐   SIPHON ☐   OTHER _______

NOTES _______________________________

____

____

____

____

____

____

____

RECOMMEND TO _______________________________

____

____

____

____

____

____

____

COFFEE NAME _______________________   DATE _______________

BEVERAGE _______________________________

PLACE TASTED _______________________   PRICE _______________

COUNTRY / REGION _______________________

COMPANY _______________________

TESTING RATING

	0.5	1	1.5	2	2.5	3	3.5	4	4.5	5
APPEARANCE										
AROMA										
FLAVOR										

	0.5	1	1.5	2	2.5	3	3.5	4	4.5	5
SWEET										
ACIDIC										
SPICY										
CITRUS										
CHOCOLATE										
CARAMEL										
BITTER										
SAVORY										

BREW METHOD

DRIP ☐   ESPRESSO ☐   PRESS ☐

POUR-OVER ☐   SIPHON ☐   OTHER _______

NOTES _______________________

____

____

____

____

____

____

____

RECOMMEND TO _______________

____

____

____

____

____

____

____

COFFEE NAME ______________________________ DATE ______________________

BEVERAGE ______________________________

PLACE TASTED ______________________________ PRICE ______________________

COUNTRY / REGION ______________________________

COMPANY ______________________________

TESTING RATING

	0.5	1	1.5	2	2.5	3	3.5	4	4.5	5
APPEARANCE										
AROMA										
FLAVOR										

	0.5	1	1.5	2	2.5	3	3.5	4	4.5	5
SWEET										
ACIDIC										
SPICY										
CITRUS										
CHOCOLATE										
CARAMEL										
BITTER										
SAVORY										

BREW METHOD

DRIP ☐   ESPRESSO ☐   PRESS ☐

POUR-OVER ☐   SIPHON ☐   OTHER __________

NOTES ______________________________

____

____

____

____

____

____

RECOMMEND TO ______________________________

____

____

____

____

____

____

COFFEE NAME _______________________   DATE _______________________

BEVERAGE _______________________

PLACE TASTED _______________________   PRICE _______________________

COUNTRY / REGION _______________________

COMPANY _______________________

TESTING RATING

	0.5	1	1.5	2	2.5	3	3.5	4	4.5	5
APPEARANCE										
AROMA										
FLAVOR										

	0.5	1	1.5	2	2.5	3	3.5	4	4.5	5
SWEET										
ACIDIC										
SPICY										
CITRUS										
CHOCOLATE										
CARAMEL										
BITTER										
SAVORY										

BREW METHOD

DRIP ☐   ESPRESSO ☐   PRESS ☐

POUR-OVER ☐   SIPHON ☐   OTHER _______

NOTES _______________________

____

____

____

____

____

____

____

____

RECOMMEND TO _______________________

____

____

____

____

____

____

____

____

COFFEE NAME ________________________ DATE ________________

BEVERAGE ________________________________

PLACE TASTED ____________________________ PRICE ____________

COUNTRY / REGION ________________________

COMPANY ________________________________

TESTING RATING

	0.5	1	1.5	2	2.5	3	3.5	4	4.5	5
APPEARANCE										
AROMA										
FLAVOR										

	0.5	1	1.5	2	2.5	3	3.5	4	4.5	5
SWEET										
ACIDIC										
SPICY										
CITRUS										
CHOCOLATE										
CARAMEL										
BITTER										
SAVORY										

BREW METHOD

DRIP ☐   ESPRESSO ☐   PRESS ☐

POUR-OVER ☐   SIPHON ☐   OTHER ________

NOTES ________________________

____

____

____

____

____

____

____

RECOMMEND TO ________________________

____

____

____

____

____

____

____

COFFEE NAME ________________________________   DATE ________________

BEVERAGE ________________________________

PLACE TASTED ________________________________   PRICE ________________

COUNTRY / REGION ________________________________

COMPANY ________________________________

TESTING RATING

	0.5	1	1.5	2	2.5	3	3.5	4	4.5	5
APPEARANCE										
AROMA										
FLAVOR										

	0.5	1	1.5	2	2.5	3	3.5	4	4.5	5
SWEET										
ACIDIC										
SPICY										
CITRUS										
CHOCOLATE										
CARAMEL										
BITTER										
SAVORY										

BREW METHOD

DRIP ☐   ESPRESSO ☐   PRESS ☐

POUR-OVER ☐   SIPHON ☐   OTHER ________

NOTES ________________________________

____

____

____

____

____

____

RECOMMEND TO ________________________________

____

____

____

____

____

____

COFFEE NAME _______________________________ DATE _______________

BEVERAGE _______________________________

PLACE TASTED _______________________________ PRICE _______________

COUNTRY / REGION _______________________________

COMPANY _______________________________

TESTING RATING

	0.5	1	1.5	2	2.5	3	3.5	4	4.5	5
APPEARANCE										
AROMA										
FLAVOR										

	0.5	1	1.5	2	2.5	3	3.5	4	4.5	5
SWEET										
ACIDIC										
SPICY										
CITRUS										
CHOCOLATE										
CARAMEL										
BITTER										
SAVORY										

BREW METHOD

DRIP ☐   ESPRESSO ☐   PRESS ☐

POUR-OVER ☐   SIPHON ☐   OTHER _______

NOTES _______________________________

____

____

____

____

____

____

____

RECOMMEND TO _______________________________

____

____

____

____

____

____

____

COFFEE NAME _______________________   DATE _______________________

BEVERAGE _______________________

PLACE TASTED _______________________   PRICE _______________________

COUNTRY / REGION _______________________

COMPANY _______________________

TESTING RATING

	0.5	1	1.5	2	2.5	3	3.5	4	4.5	5
APPEARANCE										
AROMA										
FLAVOR										

	0.5	1	1.5	2	2.5	3	3.5	4	4.5	5
SWEET										
ACIDIC										
SPICY										
CITRUS										
CHOCOLATE										
CARAMEL										
BITTER										
SAVORY										

BREW METHOD

DRIP ☐   ESPRESSO ☐   PRESS ☐

POUR-OVER ☐   SIPHON ☐   OTHER _______________

NOTES _______________________

____

____

____

____

____

____

____

RECOMMEND TO _______________________

____

____

____

____

____

____

____

COFFEE NAME _______________________________   DATE _______________

BEVERAGE _______________________________

PLACE TASTED _______________________________   PRICE _______________

COUNTRY / REGION _______________________________

COMPANY _______________________________

TESTING RATING

	0.5	1	1.5	2	2.5	3	3.5	4	4.5	5
APPEARANCE										
AROMA										
FLAVOR										

	0.5	1	1.5	2	2.5	3	3.5	4	4.5	5
SWEET										
ACIDIC										
SPICY										
CITRUS										
CHOCOLATE										
CARAMEL										
BITTER										
SAVORY										

BREW METHOD

DRIP ☐   ESPRESSO ☐   PRESS ☐

POUR-OVER ☐   SIPHON ☐   OTHER _______

NOTES _______________________________

____

____

____

____

____

____

RECOMMEND TO _______________________________

____

____

____

____

____

____

COFFEE NAME _______________________________   DATE _______________

BEVERAGE _______________________________

PLACE TASTED _______________________________   PRICE _______________

COUNTRY / REGION _______________________________

COMPANY _______________________________

TESTING RATING

	0.5	1	1.5	2	2.5	3	3.5	4	4.5	5
APPEARANCE										
AROMA										
FLAVOR										

	0.5	1	1.5	2	2.5	3	3.5	4	4.5	5
SWEET										
ACIDIC										
SPICY										
CITRUS										
CHOCOLATE										
CARAMEL										
BITTER										
SAVORY										

BREW METHOD

DRIP ☐   ESPRESSO ☐   PRESS ☐

POUR-OVER ☐   SIPHON ☐   OTHER _______

NOTES _______________________________

____
____
____
____
____
____
____

RECOMMEND TO _______________

____
____
____
____
____
____
____

COFFEE NAME _______________________________   DATE _______________

BEVERAGE _______________________________

PLACE TASTED _______________________________   PRICE _______________

COUNTRY / REGION _______________________________

COMPANY _______________________________

TESTING RATING

	0.5	1	1.5	2	2.5	3	3.5	4	4.5	5
APPEARANCE										
AROMA										
FLAVOR										

	0.5	1	1.5	2	2.5	3	3.5	4	4.5	5
SWEET										
ACIDIC										
SPICY										
CITRUS										
CHOCOLATE										
CARAMEL										
BITTER										
SAVORY										

BREW METHOD

DRIP ☐   ESPRESSO ☐   PRESS ☐

POUR-OVER ☐   SIPHON ☐   OTHER _______

NOTES _______________________________

____

____

____

____

____

____

____

RECOMMEND TO _______________________________

____

____

____

____

____

____

____

COFFEE NAME ____   DATE ____________________

BEVERAGE ____

PLACE TASTED ________________________________   PRICE ____________________

COUNTRY / REGION ________________________________

COMPANY ____

TESTING RATING

	0.5	1	1.5	2	2.5	3	3.5	4	4.5	5
APPEARANCE										
AROMA										
FLAVOR										

	0.5	1	1.5	2	2.5	3	3.5	4	4.5	5
SWEET										
ACIDIC										
SPICY										
CITRUS										
CHOCOLATE										
CARAMEL										
BITTER										
SAVORY										

BREW METHOD

DRIP ☐   ESPRESSO ☐   PRESS ☐

POUR-OVER ☐   SIPHON ☐   OTHER __________

NOTES ________________________________   RECOMMEND TO ________________________________

COFFEE NAME _______________________________   DATE _______________

BEVERAGE _________________________________

PLACE TASTED _______________________   PRICE _______________

COUNTRY / REGION _______________________

COMPANY _________________________________

TESTING RATING

	0.5	1	1.5	2	2.5	3	3.5	4	4.5	5
APPEARANCE										
AROMA										
FLAVOR										

	0.5	1	1.5	2	2.5	3	3.5	4	4.5	5
SWEET										
ACIDIC										
SPICY										
CITRUS										
CHOCOLATE										
CARAMEL										
BITTER										
SAVORY										

BREW METHOD

DRIP ☐   ESPRESSO ☐   PRESS ☐

POUR-OVER ☐   SIPHON ☐   OTHER _______

NOTES _______________________   RECOMMEND TO _______________

_______________________________   _______________________________

_______________________________   _______________________________

_______________________________   _______________________________

_______________________________   _______________________________

_______________________________   _______________________________

_______________________________   _______________________________

_______________________________   _______________________________

COFFEE NAME _______________________ DATE _______________________

BEVERAGE _______________________

PLACE TASTED _______________________ PRICE _______________________

COUNTRY / REGION _______________________

COMPANY _______________________

TESTING RATING

	0.5	1	1.5	2	2.5	3	3.5	4	4.5	5
APPEARANCE										
AROMA										
FLAVOR										

	0.5	1	1.5	2	2.5	3	3.5	4	4.5	5
SWEET										
ACIDIC										
SPICY										
CITRUS										
CHOCOLATE										
CARAMEL										
BITTER										
SAVORY										

BREW METHOD

DRIP ☐   ESPRESSO ☐   PRESS ☐

POUR-OVER ☐   SIPHON ☐   OTHER _______

NOTES _______________________

____
____
____
____
____
____
____

RECOMMEND TO _______________________

____
____
____
____
____
____
____

COFFEE NAME ________________________   DATE ________________

BEVERAGE ________________________________

PLACE TASTED ________________________   PRICE ________________

COUNTRY / REGION ________________________

COMPANY ________________________________

TESTING RATING

	0.5	1	1.5	2	2.5	3	3.5	4	4.5	5
APPEARANCE										
AROMA										
FLAVOR										

	0.5	1	1.5	2	2.5	3	3.5	4	4.5	5
SWEET										
ACIDIC										
SPICY										
CITRUS										
CHOCOLATE										
CARAMEL										
BITTER										
SAVORY										

BREW METHOD

DRIP ☐   ESPRESSO ☐   PRESS ☐

POUR-OVER ☐   SIPHON ☐   OTHER ________

NOTES ________________________

____

____

____

____

____

____

RECOMMEND TO ________________

____

____

____

____

____

____

COFFEE NAME ________________________   DATE ________________

BEVERAGE ___________________________

PLACE TASTED ________________________   PRICE ________________

COUNTRY / REGION ___________________

COMPANY ___________________________

TESTING RATING

	0.5	1	1.5	2	2.5	3	3.5	4	4.5	5
APPEARANCE										
AROMA										
FLAVOR										

	0.5	1	1.5	2	2.5	3	3.5	4	4.5	5
SWEET										
ACIDIC										
SPICY										
CITRUS										
CHOCOLATE										
CARAMEL										
BITTER										
SAVORY										

BREW METHOD

DRIP ☐   ESPRESSO ☐   PRESS ☐

POUR-OVER ☐   SIPHON ☐   OTHER ________

NOTES ________________________

____

____

____

____

____

____

____

RECOMMEND TO ________________________

____

____

____

____

____

____

____

COFFEE NAME _______________________________   DATE ____________________

BEVERAGE _______________________________

PLACE TASTED _______________________________   PRICE ____________________

COUNTRY / REGION _______________________________

COMPANY _______________________________

TESTING RATING

	0.5	1	1.5	2	2.5	3	3.5	4	4.5	5
APPEARANCE										
AROMA										
FLAVOR										

	0.5	1	1.5	2	2.5	3	3.5	4	4.5	5
SWEET										
ACIDIC										
SPICY										
CITRUS										
CHOCOLATE										
CARAMEL										
BITTER										
SAVORY										

BREW METHOD

DRIP ☐   ESPRESSO ☐   PRESS ☐

POUR-OVER ☐   SIPHON ☐   OTHER __________

NOTES ____________________

____
____
____
____
____
____
____

RECOMMEND TO ____________________

____
____
____
____
____
____
____

COFFEE NAME ______________________________   DATE ______________________

BEVERAGE ______________________________

PLACE TASTED ______________________________   PRICE ______________________

COUNTRY / REGION ______________________________

COMPANY ______________________________

TESTING RATING

	0.5	1	1.5	2	2.5	3	3.5	4	4.5	5
APPEARANCE										
AROMA										
FLAVOR										

	0.5	1	1.5	2	2.5	3	3.5	4	4.5	5
SWEET										
ACIDIC										
SPICY										
CITRUS										
CHOCOLATE										
CARAMEL										
BITTER										
SAVORY										

BREW METHOD

DRIP ☐   ESPRESSO ☐   PRESS ☐

POUR-OVER ☐   SIPHON ☐   OTHER ______

NOTES ______________________________

____

____

____

____

____

____

____

RECOMMEND TO ______________________________

____

____

____

____

____

____

____

COFFEE NAME _________________________   DATE _________________

BEVERAGE _________________________

PLACE TASTED _________________________   PRICE _________________

COUNTRY / REGION _________________________

COMPANY _________________________

TESTING RATING

	0.5	1	1.5	2	2.5	3	3.5	4	4.5	5
APPEARANCE										
AROMA										
FLAVOR										

	0.5	1	1.5	2	2.5	3	3.5	4	4.5	5
SWEET										
ACIDIC										
SPICY										
CITRUS										
CHOCOLATE										
CARAMEL										
BITTER										
SAVORY										

BREW METHOD

DRIP ☐   ESPRESSO ☐   PRESS ☐

POUR-OVER ☐   SIPHON ☐   OTHER _________

NOTES _________________________

____

____

____

____

____

____

____

RECOMMEND TO _________________________

____

____

____

____

____

____

____

COFFEE NAME ______________________________ DATE ______________

BEVERAGE ______________________________

PLACE TASTED ______________________________ PRICE ______________

COUNTRY / REGION ______________________________

COMPANY ______________________________

TESTING RATING

	0.5	1	1.5	2	2.5	3	3.5	4	4.5	5
APPEARANCE										
AROMA										
FLAVOR										

	0.5	1	1.5	2	2.5	3	3.5	4	4.5	5
SWEET										
ACIDIC										
SPICY										
CITRUS										
CHOCOLATE										
CARAMEL										
BITTER										
SAVORY										

BREW METHOD

DRIP ☐   ESPRESSO ☐   PRESS ☐

POUR-OVER ☐   SIPHON ☐   OTHER ______________

NOTES ______________________________

____
____
____
____
____
____
____
____

RECOMMEND TO ______________________________

____
____
____
____
____
____
____
____

COFFEE NAME _________________________________   DATE _______________

BEVERAGE _________________________________

PLACE TASTED _________________________   PRICE _______________

COUNTRY / REGION _________________________

COMPANY _________________________________

TESTING RATING

	0.5	1	1.5	2	2.5	3	3.5	4	4.5	5
APPEARANCE										
AROMA										
FLAVOR										

	0.5	1	1.5	2	2.5	3	3.5	4	4.5	5
SWEET										
ACIDIC										
SPICY										
CITRUS										
CHOCOLATE										
CARAMEL										
BITTER										
SAVORY										

BREW METHOD

DRIP ☐   ESPRESSO ☐   PRESS ☐

POUR-OVER ☐   SIPHON ☐   OTHER _______

NOTES _________________________

____
____
____
____
____
____
____

RECOMMEND TO _________________________

____
____
____
____
____
____
____

COFFEE NAME ____________________________   DATE ____________________

BEVERAGE ____________________________

PLACE TASTED ____________________________   PRICE ____________________

COUNTRY / REGION ____________________

COMPANY ____________________

TESTING RATING

	0.5	1	1.5	2	2.5	3	3.5	4	4.5	5
APPEARANCE										
AROMA										
FLAVOR										

	0.5	1	1.5	2	2.5	3	3.5	4	4.5	5
SWEET										
ACIDIC										
SPICY										
CITRUS										
CHOCOLATE										
CARAMEL										
BITTER										
SAVORY										

BREW METHOD

DRIP ☐   ESPRESSO ☐   PRESS ☐

POUR-OVER ☐   SIPHON ☐   OTHER ____________

NOTES ____________________

____

____

____

____

____

____

____

RECOMMEND TO ____________________

____

____

____

____

____

____

____

COFFEE NAME _________________________________   DATE _________________

BEVERAGE _________________________________

PLACE TASTED _________________________   PRICE _________________

COUNTRY / REGION _________________________

COMPANY _________________________

TESTING RATING

	0.5	1	1.5	2	2.5	3	3.5	4	4.5	5
APPEARANCE										
AROMA										
FLAVOR										

	0.5	1	1.5	2	2.5	3	3.5	4	4.5	5
SWEET										
ACIDIC										
SPICY										
CITRUS										
CHOCOLATE										
CARAMEL										
BITTER										
SAVORY										

BREW METHOD

DRIP ☐   ESPRESSO ☐   PRESS ☐

POUR-OVER ☐   SIPHON ☐   OTHER _________

NOTES _________________________

____

____

____

____

____

____

____

RECOMMEND TO _________________________

____

____

____

____

____

____

____

COFFEE NAME ___________________________   DATE ___________________

BEVERAGE ___________________________

PLACE TASTED ___________________________   PRICE ___________________

COUNTRY / REGION ___________________________

COMPANY ___________________________

TESTING RATING

	0.5	1	1.5	2	2.5	3	3.5	4	4.5	5
APPEARANCE										
AROMA										
FLAVOR										

	0.5	1	1.5	2	2.5	3	3.5	4	4.5	5
SWEET										
ACIDIC										
SPICY										
CITRUS										
CHOCOLATE										
CARAMEL										
BITTER										
SAVORY										

BREW METHOD

DRIP ☐   ESPRESSO ☐   PRESS ☐

POUR-OVER ☐   SIPHON ☐   OTHER ___________

NOTES ___________________________

____

____

____

____

____

____

____

____

RECOMMEND TO ___________________________

____

____

____

____

____

____

____

____

COFFEE NAME ______________________________   DATE ______________________

BEVERAGE ____________________________________

PLACE TASTED ______________________________   PRICE ____________________

COUNTRY / REGION ________________________

COMPANY ____________________________________

TESTING RATING

	0.5	1	1.5	2	2.5	3	3.5	4	4.5	5
APPEARANCE										
AROMA										
FLAVOR										

	0.5	1	1.5	2	2.5	3	3.5	4	4.5	5
SWEET										
ACIDIC										
SPICY										
CITRUS										
CHOCOLATE										
CARAMEL										
BITTER										
SAVORY										

BREW METHOD

DRIP ☐   ESPRESSO ☐   PRESS ☐

POUR-OVER ☐   SIPHON ☐   OTHER __________

NOTES ______________________________

____

____

____

____

____

____

____

RECOMMEND TO ______________________

____

____

____

____

____

____

____

COFFEE NAME _______________________________ DATE _______________________

BEVERAGE _________________________________

PLACE TASTED _____________________________ PRICE ______________________

COUNTRY / REGION _________________________

COMPANY __________________________________

TESTING RATING

	0.5	1	1.5	2	2.5	3	3.5	4	4.5	5
APPEARANCE										
AROMA										
FLAVOR										

	0.5	1	1.5	2	2.5	3	3.5	4	4.5	5
SWEET										
ACIDIC										
SPICY										
CITRUS										
CHOCOLATE										
CARAMEL										
BITTER										
SAVORY										

BREW METHOD

DRIP ☐   ESPRESSO ☐   PRESS ☐

POUR-OVER ☐   SIPHON ☐   OTHER __________

NOTES _____________________________

____

____

____

____

____

____

____

RECOMMEND TO _____________________

____

____

____

____

____

____

____

COFFEE NAME ____________________________ DATE ________________

BEVERAGE ____

PLACE TASTED ________________________ PRICE ____________

COUNTRY / REGION _______________________

COMPANY _______________________________

TESTING RATING

	0.5	1	1.5	2	2.5	3	3.5	4	4.5	5
APPEARANCE										
AROMA										
FLAVOR										

	0.5	1	1.5	2	2.5	3	3.5	4	4.5	5
SWEET										
ACIDIC										
SPICY										
CITRUS										
CHOCOLATE										
CARAMEL										
BITTER										
SAVORY										

BREW METHOD

DRIP ☐   ESPRESSO ☐   PRESS ☐

POUR-OVER ☐   SIPHON ☐   OTHER _______

NOTES ____________________

RECOMMEND TO ________________

COFFEE NAME __________________________   DATE __________________

BEVERAGE __________________________

PLACE TASTED __________________________   PRICE __________________

COUNTRY / REGION __________________________

COMPANY __________________________

TESTING RATING

	0.5	1	1.5	2	2.5	3	3.5	4	4.5	5
APPEARANCE										
AROMA										
FLAVOR										

	0.5	1	1.5	2	2.5	3	3.5	4	4.5	5
SWEET										
ACIDIC										
SPICY										
CITRUS										
CHOCOLATE										
CARAMEL										
BITTER										
SAVORY										

BREW METHOD

DRIP ☐   ESPRESSO ☐   PRESS ☐

POUR-OVER ☐   SIPHON ☐   OTHER __________

NOTES __________________________

____

____

____

____

____

____

____

____

RECOMMEND TO __________________________

____

____

____

____

____

____

____

____

COFFEE NAME _______________________________   DATE _______________________

BEVERAGE _______________________________

PLACE TASTED _______________________   PRICE _______________________

COUNTRY / REGION _______________________

COMPANY _______________________

TESTING RATING

	0.5	1	1.5	2	2.5	3	3.5	4	4.5	5
APPEARANCE										
AROMA										
FLAVOR										

	0.5	1	1.5	2	2.5	3	3.5	4	4.5	5
SWEET										
ACIDIC										
SPICY										
CITRUS										
CHOCOLATE										
CARAMEL										
BITTER										
SAVORY										

BREW METHOD

DRIP ☐   ESPRESSO ☐   PRESS ☐

POUR-OVER ☐   SIPHON ☐   OTHER _______

NOTES _______________________

____

____

____

____

____

____

RECOMMEND TO _______________________

____

____

____

____

____

____

COFFEE NAME _______________________________ DATE _______________________

BEVERAGE _______________________________________

PLACE TASTED _________________________________ PRICE ______________________

COUNTRY / REGION ____________________________

COMPANY ____________________________________

TESTING RATING

	0.5	1	1.5	2	2.5	3	3.5	4	4.5	5
APPEARANCE										
AROMA										
FLAVOR										

	0.5	1	1.5	2	2.5	3	3.5	4	4.5	5
SWEET										
ACIDIC										
SPICY										
CITRUS										
CHOCOLATE										
CARAMEL										
BITTER										
SAVORY										

BREW METHOD

DRIP ☐   ESPRESSO ☐   PRESS ☐

POUR-OVER ☐   SIPHON ☐   OTHER ________

NOTES ____________________________

____

____

____

____

____

____

____

RECOMMEND TO ____________________

____

____

____

____

____

____

____

COFFEE NAME _______________________________ DATE _______________

BEVERAGE _______________________________

PLACE TASTED _______________________ PRICE _______________

COUNTRY / REGION _______________________

COMPANY _______________________________

TESTING RATING

	0.5	1	1.5	2	2.5	3	3.5	4	4.5	5
APPEARANCE										
AROMA										
FLAVOR										

	0.5	1	1.5	2	2.5	3	3.5	4	4.5	5
SWEET										
ACIDIC										
SPICY										
CITRUS										
CHOCOLATE										
CARAMEL										
BITTER										
SAVORY										

BREW METHOD

DRIP ☐   ESPRESSO ☐   PRESS ☐

POUR-OVER ☐   SIPHON ☐   OTHER _______

NOTES _______________________

____
____
____
____
____
____
____

RECOMMEND TO _______________________

____
____
____
____
____
____
____

COFFEE NAME ______________________ DATE ______________________

BEVERAGE ______________________

PLACE TASTED ______________________ PRICE ______________________

COUNTRY / REGION ______________________

COMPANY ______________________

TESTING RATING

	0.5	1	1.5	2	2.5	3	3.5	4	4.5	5
APPEARANCE										
AROMA										
FLAVOR										

	0.5	1	1.5	2	2.5	3	3.5	4	4.5	5
SWEET										
ACIDIC										
SPICY										
CITRUS										
CHOCOLATE										
CARAMEL										
BITTER										
SAVORY										

BREW METHOD

DRIP ☐   ESPRESSO ☐   PRESS ☐

POUR-OVER ☐   SIPHON ☐   OTHER __________

NOTES ______________________

____
____
____
____
____
____
____
____

RECOMMEND TO ______________________

____
____
____
____
____
____
____
____

COFFEE NAME _______________________________   DATE _______________

BEVERAGE _______________________________

PLACE TASTED _______________________________   PRICE _______________

COUNTRY / REGION _______________________________

COMPANY _______________________________

TESTING RATING

	0.5	1	1.5	2	2.5	3	3.5	4	4.5	5
APPEARANCE										
AROMA										
FLAVOR										

	0.5	1	1.5	2	2.5	3	3.5	4	4.5	5
SWEET										
ACIDIC										
SPICY										
CITRUS										
CHOCOLATE										
CARAMEL										
BITTER										
SAVORY										

BREW METHOD

DRIP ☐   ESPRESSO ☐   PRESS ☐

POUR-OVER ☐   SIPHON ☐   OTHER _______

NOTES _______________________________

____
____
____
____
____
____
____
____

RECOMMEND TO _______________________________

____
____
____
____
____
____
____
____

COFFEE NAME _______________________   DATE _______________

BEVERAGE _______________________________

PLACE TASTED _______________________   PRICE _______________

COUNTRY / REGION _______________________

COMPANY _______________________

TESTING RATING

	0.5	1	1.5	2	2.5	3	3.5	4	4.5	5
APPEARANCE										
AROMA										
FLAVOR										

	0.5	1	1.5	2	2.5	3	3.5	4	4.5	5
SWEET										
ACIDIC										
SPICY										
CITRUS										
CHOCOLATE										
CARAMEL										
BITTER										
SAVORY										

BREW METHOD

DRIP ☐   ESPRESSO ☐   PRESS ☐

POUR-OVER ☐   SIPHON ☐   OTHER _______

NOTES _______________________

____
____
____
____
____
____
____

RECOMMEND TO _______________________

____
____
____
____
____
____
____

COFFEE NAME _______________________________   DATE _______________

BEVERAGE _______________________________________

PLACE TASTED _______________________________   PRICE _______________

COUNTRY / REGION _______________________________

COMPANY _______________________________________

TESTING RATING

	0.5	1	1.5	2	2.5	3	3.5	4	4.5	5
APPEARANCE										
AROMA										
FLAVOR										

	0.5	1	1.5	2	2.5	3	3.5	4	4.5	5
SWEET										
ACIDIC										
SPICY										
CITRUS										
CHOCOLATE										
CARAMEL										
BITTER										
SAVORY										

BREW METHOD

DRIP ☐   ESPRESSO ☐   PRESS ☐

POUR-OVER ☐   SIPHON ☐   OTHER _________

NOTES _______________________________

____

____

____

____

____

____

____

RECOMMEND TO _______________________________

____

____

____

____

____

____

COFFEE NAME _______________________   DATE _______________________

BEVERAGE _______________________

PLACE TASTED _______________________   PRICE _______________________

COUNTRY / REGION _______________________

COMPANY _______________________

TESTING RATING

	0.5	1	1.5	2	2.5	3	3.5	4	4.5	5
APPEARANCE										
AROMA										
FLAVOR										

	0.5	1	1.5	2	2.5	3	3.5	4	4.5	5
SWEET										
ACIDIC										
SPICY										
CITRUS										
CHOCOLATE										
CARAMEL										
BITTER										
SAVORY										

BREW METHOD

DRIP ☐   ESPRESSO ☐   PRESS ☐

POUR-OVER ☐   SIPHON ☐   OTHER _______

NOTES _______________________

____
____
____
____
____
____
____
____

RECOMMEND TO _______________________

____
____
____
____
____
____
____
____

COFFEE NAME ______________________________ DATE ________________

BEVERAGE ________________________________

PLACE TASTED ______________________________ PRICE ______________

COUNTRY / REGION ____________________________

COMPANY ________________________________

TESTING RATING

	0.5	1	1.5	2	2.5	3	3.5	4	4.5	5
APPEARANCE										
AROMA										
FLAVOR										

	0.5	1	1.5	2	2.5	3	3.5	4	4.5	5
SWEET										
ACIDIC										
SPICY										
CITRUS										
CHOCOLATE										
CARAMEL										
BITTER										
SAVORY										

BREW METHOD

DRIP ☐   ESPRESSO ☐   PRESS ☐

POUR-OVER ☐   SIPHON ☐   OTHER ________

NOTES ____________________________

____

____

____

____

____

____

____

RECOMMEND TO ________________

____

____

____

____

____

____

____

COFFEE NAME ______________________________   DATE ________________

BEVERAGE ______________________________

PLACE TASTED ______________________________   PRICE ______________

COUNTRY / REGION ______________________________

COMPANY ______________________________

TESTING RATING

	0.5	1	1.5	2	2.5	3	3.5	4	4.5	5
APPEARANCE										
AROMA										
FLAVOR										

	0.5	1	1.5	2	2.5	3	3.5	4	4.5	5
SWEET										
ACIDIC										
SPICY										
CITRUS										
CHOCOLATE										
CARAMEL										
BITTER										
SAVORY										

BREW METHOD

DRIP ☐   ESPRESSO ☐   PRESS ☐

POUR-OVER ☐   SIPHON ☐   OTHER ________

NOTES ______________________________

____

____

____

____

____

____

____

RECOMMEND TO ______________________________

____

____

____

____

____

____

COFFEE NAME _______________________   DATE _______________________

BEVERAGE _______________________

PLACE TASTED _______________________   PRICE _______________________

COUNTRY / REGION _______________________

COMPANY _______________________

TESTING RATING

	0.5	1	1.5	2	2.5	3	3.5	4	4.5	5
APPEARANCE										
AROMA										
FLAVOR										

	0.5	1	1.5	2	2.5	3	3.5	4	4.5	5
SWEET										
ACIDIC										
SPICY										
CITRUS										
CHOCOLATE										
CARAMEL										
BITTER										
SAVORY										

BREW METHOD

DRIP ☐   ESPRESSO ☐   PRESS ☐

POUR-OVER ☐   SIPHON ☐   OTHER _________

NOTES _______________________

____

____

____

____

____

____

____

RECOMMEND TO _______________________

____

____

____

____

____

____

____

COFFEE NAME ______________________________   DATE ______________________

BEVERAGE ______________________________

PLACE TASTED ______________________________   PRICE ______________________

COUNTRY / REGION ______________________________

COMPANY ______________________________

TESTING RATING

	0.5	1	1.5	2	2.5	3	3.5	4	4.5	5
APPEARANCE										
AROMA										
FLAVOR										

	0.5	1	1.5	2	2.5	3	3.5	4	4.5	5
SWEET										
ACIDIC										
SPICY										
CITRUS										
CHOCOLATE										
CARAMEL										
BITTER										
SAVORY										

BREW METHOD

DRIP ☐   ESPRESSO ☐   PRESS ☐

POUR-OVER ☐   SIPHON ☐   OTHER __________

NOTES ______________________________

RECOMMEND TO ______________________________

COFFEE NAME _______________________________   DATE _______________

BEVERAGE _______________________________

PLACE TASTED _______________________________   PRICE _______________

COUNTRY / REGION _______________________________

COMPANY _______________________________

TESTING RATING

	0.5	1	1.5	2	2.5	3	3.5	4	4.5	5
APPEARANCE										
AROMA										
FLAVOR										

	0.5	1	1.5	2	2.5	3	3.5	4	4.5	5
SWEET										
ACIDIC										
SPICY										
CITRUS										
CHOCOLATE										
CARAMEL										
BITTER										
SAVORY										

BREW METHOD

DRIP ☐   ESPRESSO ☐   PRESS ☐

POUR-OVER ☐   SIPHON ☐   OTHER _______

NOTES _______________________________

____
____
____
____
____
____
____

RECOMMEND TO _______________________________

____
____
____
____
____
____
____

COFFEE NAME ________________________   DATE ________________

BEVERAGE ________________________________

PLACE TASTED ____________________________   PRICE ________________

COUNTRY / REGION ________________________

COMPANY ________________________________

TESTING RATING

	0.5	1	1.5	2	2.5	3	3.5	4	4.5	5
APPEARANCE										
AROMA										
FLAVOR										

	0.5	1	1.5	2	2.5	3	3.5	4	4.5	5
SWEET										
ACIDIC										
SPICY										
CITRUS										
CHOCOLATE										
CARAMEL										
BITTER										
SAVORY										

BREW METHOD

DRIP ☐   ESPRESSO ☐   PRESS ☐

POUR-OVER ☐   SIPHON ☐   OTHER ________

NOTES ____________________________

____
____
____
____
____
____
____
____

RECOMMEND TO ____________________

____
____
____
____
____
____
____
____

COFFEE NAME __________________________________   DATE __________________

BEVERAGE ____

PLACE TASTED ____________________________   PRICE ________________

COUNTRY / REGION ________________________

COMPANY ________________________________

TESTING RATING

	0.5	1	1.5	2	2.5	3	3.5	4	4.5	5
APPEARANCE										
AROMA										
FLAVOR										

	0.5	1	1.5	2	2.5	3	3.5	4	4.5	5
SWEET										
ACIDIC										
SPICY										
CITRUS										
CHOCOLATE										
CARAMEL										
BITTER										
SAVORY										

BREW METHOD

DRIP ☐   ESPRESSO ☐   PRESS ☐

POUR-OVER ☐   SIPHON ☐   OTHER ________

NOTES __________________________________

____

____

____

____

____

____

RECOMMEND TO __________________________

____

____

____

____

____

____

COFFEE NAME ________________________________   DATE ________________

BEVERAGE ________________________________

PLACE TASTED ________________________________   PRICE ________________

COUNTRY / REGION ________________________________

COMPANY ________________________________

TESTING RATING

	0.5	1	1.5	2	2.5	3	3.5	4	4.5	5
APPEARANCE										
AROMA										
FLAVOR										

	0.5	1	1.5	2	2.5	3	3.5	4	4.5	5
SWEET										
ACIDIC										
SPICY										
CITRUS										
CHOCOLATE										
CARAMEL										
BITTER										
SAVORY										

BREW METHOD

DRIP ☐   ESPRESSO ☐   PRESS ☐

POUR-OVER ☐   SIPHON ☐   OTHER ________

NOTES ________________________________

RECOMMEND TO ________________________________

COFFEE NAME _______________________   DATE _______________

BEVERAGE _____________________________________

PLACE TASTED _______________________   PRICE _______________

COUNTRY / REGION _____________________________

COMPANY _____________________________________

TESTING RATING

	0.5	1	1.5	2	2.5	3	3.5	4	4.5	5
APPEARANCE										
AROMA										
FLAVOR										

	0.5	1	1.5	2	2.5	3	3.5	4	4.5	5
SWEET										
ACIDIC										
SPICY										
CITRUS										
CHOCOLATE										
CARAMEL										
BITTER										
SAVORY										

BREW METHOD

DRIP ☐   ESPRESSO ☐   PRESS ☐

POUR-OVER ☐   SIPHON ☐   OTHER _______

NOTES _______________________

____
____
____
____
____
____
____

RECOMMEND TO _______________

____
____
____
____
____
____
____

COFFEE NAME __________________________   DATE __________________

BEVERAGE __________________________

PLACE TASTED __________________________   PRICE __________________

COUNTRY / REGION __________________________

COMPANY __________________________

TESTING RATING

	0.5	1	1.5	2	2.5	3	3.5	4	4.5	5
APPEARANCE										
AROMA										
FLAVOR										

	0.5	1	1.5	2	2.5	3	3.5	4	4.5	5
SWEET										
ACIDIC										
SPICY										
CITRUS										
CHOCOLATE										
CARAMEL										
BITTER										
SAVORY										

BREW METHOD

DRIP ☐   ESPRESSO ☐   PRESS ☐

POUR-OVER ☐   SIPHON ☐   OTHER __________

NOTES __________________________

____

____

____

____

____

____

____

RECOMMEND TO __________________________

____

____

____

____

____

____

____

COFFEE NAME _________________________________   DATE _________________

BEVERAGE ____

PLACE TASTED _______________________________   PRICE _________________

COUNTRY / REGION _______________________________

COMPANY _______________________________________

TESTING RATING

	0.5	1	1.5	2	2.5	3	3.5	4	4.5	5
APPEARANCE										
AROMA										
FLAVOR										

	0.5	1	1.5	2	2.5	3	3.5	4	4.5	5
SWEET										
ACIDIC										
SPICY										
CITRUS										
CHOCOLATE										
CARAMEL										
BITTER										
SAVORY										

BREW METHOD

DRIP ☐   ESPRESSO ☐   PRESS ☐

POUR-OVER ☐   SIPHON ☐   OTHER _________

NOTES _______________________________   RECOMMEND TO _______________________________

____   ____

____   ____

____   ____

____   ____

____   ____

____   ____

____   ____

COFFEE NAME ______________________________ DATE ______________________

BEVERAGE ____

PLACE TASTED ________________________________ PRICE ______________________

COUNTRY / REGION ________________________________

COMPANY ________________________________

TESTING RATING

	0.5	1	1.5	2	2.5	3	3.5	4	4.5	5
APPEARANCE										
AROMA										
FLAVOR										

	0.5	1	1.5	2	2.5	3	3.5	4	4.5	5
SWEET										
ACIDIC										
SPICY										
CITRUS										
CHOCOLATE										
CARAMEL										
BITTER										
SAVORY										

BREW METHOD

DRIP ☐   ESPRESSO ☐   PRESS ☐

POUR-OVER ☐   SIPHON ☐   OTHER __________

NOTES ________________________________

____

____

____

____

____

____

____

____

RECOMMEND TO ________________________________

____

____

____

____

____

____

____

____

COFFEE NAME _______________________   DATE _______________

BEVERAGE _______________________________

PLACE TASTED _______________________   PRICE _______________

COUNTRY / REGION _______________________

COMPANY _______________________________

TESTING RATING

	0.5	1	1.5	2	2.5	3	3.5	4	4.5	5
APPEARANCE										
AROMA										
FLAVOR										

	0.5	1	1.5	2	2.5	3	3.5	4	4.5	5
SWEET										
ACIDIC										
SPICY										
CITRUS										
CHOCOLATE										
CARAMEL										
BITTER										
SAVORY										

BREW METHOD

DRIP ☐   ESPRESSO ☐   PRESS ☐

POUR-OVER ☐   SIPHON ☐   OTHER _______

NOTES _______________________

____

____

____

____

____

____

RECOMMEND TO _______________

____

____

____

____

____

____

COFFEE NAME ______________________________ DATE ______________________

BEVERAGE ______________________________

PLACE TASTED ______________________________ PRICE ______________________

COUNTRY / REGION ______________________________

COMPANY ______________________________

TESTING RATING

	0.5	1	1.5	2	2.5	3	3.5	4	4.5	5
APPEARANCE										
AROMA										
FLAVOR										

	0.5	1	1.5	2	2.5	3	3.5	4	4.5	5
SWEET										
ACIDIC										
SPICY										
CITRUS										
CHOCOLATE										
CARAMEL										
BITTER										
SAVORY										

BREW METHOD

DRIP ☐   ESPRESSO ☐   PRESS ☐

POUR-OVER ☐   SIPHON ☐   OTHER ______

NOTES ______________________________

____

____

____

____

____

____

____

RECOMMEND TO ______________________________

____

____

____

____

____

____

____

COFFEE NAME ________________________________ DATE ________________

BEVERAGE ____

PLACE TASTED ________________________ PRICE ________________

COUNTRY / REGION ________________________

COMPANY ________________________________

TESTING RATING

	0.5	1	1.5	2	2.5	3	3.5	4	4.5	5
APPEARANCE										
AROMA										
FLAVOR										

	0.5	1	1.5	2	2.5	3	3.5	4	4.5	5
SWEET										
ACIDIC										
SPICY										
CITRUS										
CHOCOLATE										
CARAMEL										
BITTER										
SAVORY										

BREW METHOD

DRIP ☐   ESPRESSO ☐   PRESS ☐

POUR-OVER ☐   SIPHON ☐   OTHER ________

NOTES ________________________

____

____

____

____

____

____

____

RECOMMEND TO ________________

____

____

____

____

____

____

____

COFFEE NAME _________________________________ DATE _________________

BEVERAGE _________________________________

PLACE TASTED _________________________________ PRICE _________________

COUNTRY / REGION _________________________________

COMPANY _________________________________

TESTING RATING

	0.5	1	1.5	2	2.5	3	3.5	4	4.5	5
APPEARANCE										
AROMA										
FLAVOR										

	0.5	1	1.5	2	2.5	3	3.5	4	4.5	5
SWEET										
ACIDIC										
SPICY										
CITRUS										
CHOCOLATE										
CARAMEL										
BITTER										
SAVORY										

BREW METHOD

DRIP ☐   ESPRESSO ☐   PRESS ☐

POUR-OVER ☐   SIPHON ☐   OTHER _________

NOTES _________________________________

____

____

____

____

____

____

____

RECOMMEND TO _________________________________

____

____

____

____

____

____

____

COFFEE NAME _______________________   DATE _______________

BEVERAGE _______________________________________

PLACE TASTED _______________________   PRICE _______________

COUNTRY / REGION _______________________

COMPANY _______________________________________

TESTING RATING

	0.5	1	1.5	2	2.5	3	3.5	4	4.5	5
APPEARANCE										
AROMA										
FLAVOR										

	0.5	1	1.5	2	2.5	3	3.5	4	4.5	5
SWEET										
ACIDIC										
SPICY										
CITRUS										
CHOCOLATE										
CARAMEL										
BITTER										
SAVORY										

BREW METHOD

DRIP ☐   ESPRESSO ☐   PRESS ☐

POUR-OVER ☐   SIPHON ☐   OTHER _______

NOTES _______________________

____
____
____
____
____
____
____

RECOMMEND TO _______________________

____
____
____
____
____
____
____

COFFEE NAME ______________________________ DATE ______________

BEVERAGE ______________________________

PLACE TASTED ______________________________ PRICE ______________

COUNTRY / REGION ______________________________

COMPANY ______________________________

TESTING RATING

	0.5	1	1.5	2	2.5	3	3.5	4	4.5	5
APPEARANCE										
AROMA										
FLAVOR										

	0.5	1	1.5	2	2.5	3	3.5	4	4.5	5
SWEET										
ACIDIC										
SPICY										
CITRUS										
CHOCOLATE										
CARAMEL										
BITTER										
SAVORY										

BREW METHOD

DRIP ☐   ESPRESSO ☐   PRESS ☐

POUR-OVER ☐   SIPHON ☐   OTHER ______________

NOTES ______________________________

____

____

____

____

____

____

____

RECOMMEND TO ______________

____

____

____

____

____

____

____

COFFEE NAME _________________________________   DATE _________________

BEVERAGE ____

PLACE TASTED _______________________________   PRICE _______________

COUNTRY / REGION _______________________________

COMPANY _______________________________________

TESTING RATING

	0.5	1	1.5	2	2.5	3	3.5	4	4.5	5
APPEARANCE										
AROMA										
FLAVOR										

	0.5	1	1.5	2	2.5	3	3.5	4	4.5	5
SWEET										
ACIDIC										
SPICY										
CITRUS										
CHOCOLATE										
CARAMEL										
BITTER										
SAVORY										

BREW METHOD

DRIP ☐   ESPRESSO ☐   PRESS ☐

POUR-OVER ☐   SIPHON ☐   OTHER _________

NOTES _______________________________

____

____

____

____

____

____

RECOMMEND TO _______________________

____

____

____

____

____

____

COFFEE NAME ________________________________ DATE ________________________

BEVERAGE ________________________________

PLACE TASTED ________________________________ PRICE ________________________

COUNTRY / REGION ________________________________

COMPANY ________________________________

TESTING RATING

	0.5	1	1.5	2	2.5	3	3.5	4	4.5	5
APPEARANCE										
AROMA										
FLAVOR										

	0.5	1	1.5	2	2.5	3	3.5	4	4.5	5
SWEET										
ACIDIC										
SPICY										
CITRUS										
CHOCOLATE										
CARAMEL										
BITTER										
SAVORY										

BREW METHOD

DRIP ☐   ESPRESSO ☐   PRESS ☐

POUR-OVER ☐   SIPHON ☐   OTHER ________

NOTES ________________________________

____

____

____

____

____

____

____

RECOMMEND TO ________________________________

____

____

____

____

____

____

____

COFFEE NAME _______________________________ DATE _______________________

BEVERAGE _______________________________________

PLACE TASTED ________________________________ PRICE ____________________

COUNTRY / REGION ____________________________

COMPANY _____________________________________

TESTING RATING

	0.5	1	1.5	2	2.5	3	3.5	4	4.5	5
APPEARANCE										
AROMA										
FLAVOR										

	0.5	1	1.5	2	2.5	3	3.5	4	4.5	5
SWEET										
ACIDIC										
SPICY										
CITRUS										
CHOCOLATE										
CARAMEL										
BITTER										
SAVORY										

BREW METHOD

DRIP ☐   ESPRESSO ☐   PRESS ☐

POUR-OVER ☐   SIPHON ☐   OTHER __________

NOTES _______________________________

____

____

____

____

____

____

____

____

RECOMMEND TO __________________

____

____

____

____

____

____

____

____

COFFEE NAME ________________________________ DATE ________________

BEVERAGE ____________________________________

PLACE TASTED ________________________________ PRICE ______________

COUNTRY / REGION ____________________________

COMPANY ____________________________________

TESTING RATING

	0.5	1	1.5	2	2.5	3	3.5	4	4.5	5
APPEARANCE										
AROMA										
FLAVOR										

	0.5	1	1.5	2	2.5	3	3.5	4	4.5	5
SWEET										
ACIDIC										
SPICY										
CITRUS										
CHOCOLATE										
CARAMEL										
BITTER										
SAVORY										

BREW METHOD

DRIP ☐   ESPRESSO ☐   PRESS ☐

POUR-OVER ☐   SIPHON ☐   OTHER __________

NOTES

____
____
____
____
____
____
____
____

RECOMMEND TO ____________________

____
____
____
____
____
____
____
____

COFFEE NAME _______________________   DATE _______________________

BEVERAGE _______________________

PLACE TASTED _______________________   PRICE _______________________

COUNTRY / REGION _______________________

COMPANY _______________________

TESTING RATING

	0.5	1	1.5	2	2.5	3	3.5	4	4.5	5
APPEARANCE										
AROMA										
FLAVOR										

	0.5	1	1.5	2	2.5	3	3.5	4	4.5	5
SWEET										
ACIDIC										
SPICY										
CITRUS										
CHOCOLATE										
CARAMEL										
BITTER										
SAVORY										

BREW METHOD

DRIP ☐   ESPRESSO ☐   PRESS ☐

POUR-OVER ☐   SIPHON ☐   OTHER _______

NOTES _______________________

____
____
____
____
____
____
____
____

RECOMMEND TO _______________________

____
____
____
____
____
____
____
____

COFFEE NAME ______________________________ DATE ______________________

BEVERAGE ________________________________

PLACE TASTED ____________________________ PRICE ____________________

COUNTRY / REGION ________________________

COMPANY _________________________________

TESTING RATING

	0.5	1	1.5	2	2.5	3	3.5	4	4.5	5
APPEARANCE										
AROMA										
FLAVOR										

	0.5	1	1.5	2	2.5	3	3.5	4	4.5	5
SWEET										
ACIDIC										
SPICY										
CITRUS										
CHOCOLATE										
CARAMEL										
BITTER										
SAVORY										

BREW METHOD

DRIP ☐   ESPRESSO ☐   PRESS ☐

POUR-OVER ☐   SIPHON ☐   OTHER ____________

NOTES ____________________________

____
____
____
____
____
____
____
____

RECOMMEND TO ____________________________

____
____
____
____
____
____
____
____

COFFEE NAME _________________________ DATE _____________

BEVERAGE _________________________________

PLACE TASTED _____________________ PRICE _____________

COUNTRY / REGION _____________________

COMPANY _____________________________

TESTING RATING

	0.5	1	1.5	2	2.5	3	3.5	4	4.5	5
APPEARANCE										
AROMA										
FLAVOR										

	0.5	1	1.5	2	2.5	3	3.5	4	4.5	5
SWEET										
ACIDIC										
SPICY										
CITRUS										
CHOCOLATE										
CARAMEL										
BITTER										
SAVORY										

BREW METHOD

DRIP ☐   ESPRESSO ☐   PRESS ☐

POUR-OVER ☐   SIPHON ☐   OTHER _________

NOTES _________________________

____

____

____

____

____

____

RECOMMEND TO _________________

____

____

____

____

____

____

COFFEE NAME ______________________________   DATE ____________________

BEVERAGE _______________________________________

PLACE TASTED _____________________________   PRICE ____________________

COUNTRY / REGION _______________________________

COMPANY _______________________________________

TESTING RATING

	0.5	1	1.5	2	2.5	3	3.5	4	4.5	5
APPEARANCE										
AROMA										
FLAVOR										

	0.5	1	1.5	2	2.5	3	3.5	4	4.5	5
SWEET										
ACIDIC										
SPICY										
CITRUS										
CHOCOLATE										
CARAMEL										
BITTER										
SAVORY										

BREW METHOD

DRIP ☐   ESPRESSO ☐   PRESS ☐

POUR-OVER ☐   SIPHON ☐   OTHER __________

NOTES ___________________________

____
____
____
____
____
____
____

RECOMMEND TO ___________________________

____
____
____
____
____
____
____

COFFEE NAME _________________________________   DATE _________________

BEVERAGE _________________________________

PLACE TASTED _________________________   PRICE _________________

COUNTRY / REGION _________________________

COMPANY _________________________________

TESTING RATING

	0.5	1	1.5	2	2.5	3	3.5	4	4.5	5
APPEARANCE										
AROMA										
FLAVOR										

	0.5	1	1.5	2	2.5	3	3.5	4	4.5	5
SWEET										
ACIDIC										
SPICY										
CITRUS										
CHOCOLATE										
CARAMEL										
BITTER										
SAVORY										

BREW METHOD

DRIP ☐   ESPRESSO ☐   PRESS ☐

POUR-OVER ☐   SIPHON ☐   OTHER _________

NOTES _________________________________

____

____

____

____

____

____

____

RECOMMEND TO _________________________

____

____

____

____

____

____

____

COFFEE NAME _______________________________ DATE _______________________

BEVERAGE _______________________________

PLACE TASTED _______________________________ PRICE _______________________

COUNTRY / REGION _______________________________

COMPANY _______________________________

TESTING RATING

	0.5	1	1.5	2	2.5	3	3.5	4	4.5	5
APPEARANCE										
AROMA										
FLAVOR										

	0.5	1	1.5	2	2.5	3	3.5	4	4.5	5
SWEET										
ACIDIC										
SPICY										
CITRUS										
CHOCOLATE										
CARAMEL										
BITTER										
SAVORY										

BREW METHOD

DRIP ☐   ESPRESSO ☐   PRESS ☐

POUR-OVER ☐   SIPHON ☐   OTHER _______

NOTES _______________________________

RECOMMEND TO _______________________________

COFFEE NAME _______________________________   DATE _______________

BEVERAGE _________________________________

PLACE TASTED _______________________   PRICE _______________

COUNTRY / REGION _______________________

COMPANY _______________________

TESTING RATING

	0.5	1	1.5	2	2.5	3	3.5	4	4.5	5
APPEARANCE										
AROMA										
FLAVOR										

	0.5	1	1.5	2	2.5	3	3.5	4	4.5	5
SWEET										
ACIDIC										
SPICY										
CITRUS										
CHOCOLATE										
CARAMEL										
BITTER										
SAVORY										

BREW METHOD

DRIP ☐   ESPRESSO ☐   PRESS ☐

POUR-OVER ☐   SIPHON ☐   OTHER _______

NOTES _______________________

____
____
____
____
____
____
____
____

RECOMMEND TO _______________

____
____
____
____
____
____
____
____

COFFEE NAME ________________________   DATE ________________

BEVERAGE ________________________

PLACE TASTED ________________________   PRICE ________________

COUNTRY / REGION ________________________

COMPANY ________________________

TESTING RATING

	0.5	1	1.5	2	2.5	3	3.5	4	4.5	5
APPEARANCE										
AROMA										
FLAVOR										

	0.5	1	1.5	2	2.5	3	3.5	4	4.5	5
SWEET										
ACIDIC										
SPICY										
CITRUS										
CHOCOLATE										
CARAMEL										
BITTER										
SAVORY										

BREW METHOD

DRIP ☐   ESPRESSO ☐   PRESS ☐

POUR-OVER ☐   SIPHON ☐   OTHER ________

NOTES

____

____

____

____

____

____

____

____

RECOMMEND TO ________________

____

____

____

____

____

____

____

COFFEE NAME ________________________________ DATE ________________

BEVERAGE ________________________________

PLACE TASTED ________________________________ PRICE ________________

COUNTRY / REGION ________________________________

COMPANY ________________________________

TESTING RATING

	0.5	1	1.5	2	2.5	3	3.5	4	4.5	5
APPEARANCE										
AROMA										
FLAVOR										

	0.5	1	1.5	2	2.5	3	3.5	4	4.5	5
SWEET										
ACIDIC										
SPICY										
CITRUS										
CHOCOLATE										
CARAMEL										
BITTER										
SAVORY										

BREW METHOD

DRIP ☐   ESPRESSO ☐   PRESS ☐

POUR-OVER ☐   SIPHON ☐   OTHER ________

NOTES ________________________________

RECOMMEND TO ________________________________

COFFEE NAME ___________________ DATE ___________________

BEVERAGE ___________________

PLACE TASTED ___________________ PRICE ___________________

COUNTRY / REGION ___________________

COMPANY ___________________

TESTING RATING

	0.5	1	1.5	2	2.5	3	3.5	4	4.5	5
APPEARANCE										
AROMA										
FLAVOR										

	0.5	1	1.5	2	2.5	3	3.5	4	4.5	5
SWEET										
ACIDIC										
SPICY										
CITRUS										
CHOCOLATE										
CARAMEL										
BITTER										
SAVORY										

BREW METHOD

DRIP ☐   ESPRESSO ☐   PRESS ☐

POUR-OVER ☐   SIPHON ☐   OTHER ___________

NOTES ___________________

____
____
____
____
____
____
____
____

RECOMMEND TO ___________________

____
____
____
____
____
____
____
____

COFFEE NAME _________________________________   DATE _________________

BEVERAGE ____

PLACE TASTED _______________________________   PRICE _______________

COUNTRY / REGION _______________________________

COMPANY ____

TESTING RATING

	0.5	1	1.5	2	2.5	3	3.5	4	4.5	5
APPEARANCE										
AROMA										
FLAVOR										

	0.5	1	1.5	2	2.5	3	3.5	4	4.5	5
SWEET										
ACIDIC										
SPICY										
CITRUS										
CHOCOLATE										
CARAMEL										
BITTER										
SAVORY										

BREW METHOD

DRIP ☐   ESPRESSO ☐   PRESS ☐

POUR-OVER ☐   SIPHON ☐   OTHER _________

NOTES _________________________________

____

____

____

____

____

____

____

RECOMMEND TO _________________________

____

____

____

____

____

____

____

COFFEE NAME ______________________________ DATE ______________________

BEVERAGE ______________________________

PLACE TASTED ______________________________ PRICE ______________________

COUNTRY / REGION ______________________________

COMPANY ______________________________

TESTING RATING

	0.5	1	1.5	2	2.5	3	3.5	4	4.5	5
APPEARANCE										
AROMA										
FLAVOR										

	0.5	1	1.5	2	2.5	3	3.5	4	4.5	5
SWEET										
ACIDIC										
SPICY										
CITRUS										
CHOCOLATE										
CARAMEL										
BITTER										
SAVORY										

BREW METHOD

DRIP ☐   ESPRESSO ☐   PRESS ☐

POUR-OVER ☐   SIPHON ☐   OTHER __________

NOTES ______________________________

____

____

____

____

____

____

____

RECOMMEND TO ______________________________

____

____

____

____

____

____

____

COFFEE NAME ____ DATE _______________

BEVERAGE ____

PLACE TASTED ____________________________ PRICE _______________

COUNTRY / REGION ____________________________

COMPANY ____________________________

TESTING RATING

	0.5	1	1.5	2	2.5	3	3.5	4	4.5	5
APPEARANCE										
AROMA										
FLAVOR										

	0.5	1	1.5	2	2.5	3	3.5	4	4.5	5
SWEET										
ACIDIC										
SPICY										
CITRUS										
CHOCOLATE										
CARAMEL										
BITTER										
SAVORY										

BREW METHOD

DRIP ☐ ESPRESSO ☐ PRESS ☐

POUR-OVER ☐ SIPHON ☐ OTHER _______

NOTES ____________________________

____

____

____

____

____

____

____

RECOMMEND TO ____________________________

____

____

____

____

____

____

____

COFFEE NAME _______________________________   DATE _______________________

BEVERAGE _______________________________

PLACE TASTED _______________________________   PRICE _______________

COUNTRY / REGION _______________________________

COMPANY _______________________________

TESTING RATING

	0.5	1	1.5	2	2.5	3	3.5	4	4.5	5
APPEARANCE										
AROMA										
FLAVOR										

	0.5	1	1.5	2	2.5	3	3.5	4	4.5	5
SWEET										
ACIDIC										
SPICY										
CITRUS										
CHOCOLATE										
CARAMEL										
BITTER										
SAVORY										

BREW METHOD

DRIP ☐   ESPRESSO ☐   PRESS ☐

POUR-OVER ☐   SIPHON ☐   OTHER _______

NOTES _______________________________

____
____
____
____
____
____
____
____

RECOMMEND TO _______________________________

____
____
____
____
____
____
____
____

COFFEE NAME ______________________________ DATE ________________

BEVERAGE ______________________________

PLACE TASTED ________________________ PRICE ________________

COUNTRY / REGION ______________________

COMPANY ______________________________

TESTING RATING

	0.5	1	1.5	2	2.5	3	3.5	4	4.5	5
APPEARANCE										
AROMA										
FLAVOR										

	0.5	1	1.5	2	2.5	3	3.5	4	4.5	5
SWEET										
ACIDIC										
SPICY										
CITRUS										
CHOCOLATE										
CARAMEL										
BITTER										
SAVORY										

BREW METHOD

DRIP ☐   ESPRESSO ☐   PRESS ☐

POUR-OVER ☐   SIPHON ☐   OTHER _______

NOTES ________________________

RECOMMEND TO ________________

COFFEE NAME ______________________________ DATE ______________

BEVERAGE ______________________________

PLACE TASTED ______________________________ PRICE ______________

COUNTRY / REGION ______________________________

COMPANY ______________________________

TESTING RATING

	0.5	1	1.5	2	2.5	3	3.5	4	4.5	5
APPEARANCE										
AROMA										
FLAVOR										

	0.5	1	1.5	2	2.5	3	3.5	4	4.5	5
SWEET										
ACIDIC										
SPICY										
CITRUS										
CHOCOLATE										
CARAMEL										
BITTER										
SAVORY										

BREW METHOD

DRIP ☐   ESPRESSO ☐   PRESS ☐

POUR-OVER ☐   SIPHON ☐   OTHER ______________

NOTES ______________________________

____

____

____

____

____

____

RECOMMEND TO ______________

____

____

____

____

____

____

COFFEE NAME ________________________________ DATE ____________________

BEVERAGE ____

PLACE TASTED ________________________________ PRICE ________________

COUNTRY / REGION ___________________________

COMPANY ____

TESTING RATING

	0.5	1	1.5	2	2.5	3	3.5	4	4.5	5
APPEARANCE										
AROMA										
FLAVOR										

	0.5	1	1.5	2	2.5	3	3.5	4	4.5	5
SWEET										
ACIDIC										
SPICY										
CITRUS										
CHOCOLATE										
CARAMEL										
BITTER										
SAVORY										

BREW METHOD

DRIP ☐   ESPRESSO ☐   PRESS ☐

POUR-OVER ☐   SIPHON ☐   OTHER __________

NOTES ________________________________

____

____

____

____

____

____

____

RECOMMEND TO ___________________________

____

____

____

____

____

____

____

COFFEE NAME _______________________   DATE _______________________

BEVERAGE _______________________

PLACE TASTED _______________________   PRICE _______________________

COUNTRY / REGION _______________________

COMPANY _______________________

TESTING RATING

	0.5	1	1.5	2	2.5	3	3.5	4	4.5	5
APPEARANCE										
AROMA										
FLAVOR										

	0.5	1	1.5	2	2.5	3	3.5	4	4.5	5
SWEET										
ACIDIC										
SPICY										
CITRUS										
CHOCOLATE										
CARAMEL										
BITTER										
SAVORY										

BREW METHOD

DRIP ☐   ESPRESSO ☐   PRESS ☐

POUR-OVER ☐   SIPHON ☐   OTHER _______

NOTES _______________________

____

____

____

____

____

____

____

RECOMMEND TO _______________________

____

____

____

____

____

____

____

COFFEE NAME ______________________________ DATE ________________

BEVERAGE ______________________________

PLACE TASTED ________________________ PRICE ________________

COUNTRY / REGION ________________________

COMPANY ______________________________

TESTING RATING

	0.5	1	1.5	2	2.5	3	3.5	4	4.5	5
APPEARANCE										
AROMA										
FLAVOR										

	0.5	1	1.5	2	2.5	3	3.5	4	4.5	5
SWEET										
ACIDIC										
SPICY										
CITRUS										
CHOCOLATE										
CARAMEL										
BITTER										
SAVORY										

BREW METHOD

DRIP ☐   ESPRESSO ☐   PRESS ☐

POUR-OVER ☐   SIPHON ☐   OTHER ________

NOTES ________________________

RECOMMEND TO __________________

COFFEE NAME ____ DATE ____________________

BEVERAGE ____

PLACE TASTED ____________________________ PRICE ____________________

COUNTRY / REGION ____________________________

COMPANY ____________________________

TESTING RATING

	0.5	1	1.5	2	2.5	3	3.5	4	4.5	5
APPEARANCE										
AROMA										
FLAVOR										

	0.5	1	1.5	2	2.5	3	3.5	4	4.5	5
SWEET										
ACIDIC										
SPICY										
CITRUS										
CHOCOLATE										
CARAMEL										
BITTER										
SAVORY										

BREW METHOD

DRIP ☐   ESPRESSO ☐   PRESS ☐

POUR-OVER ☐   SIPHON ☐   OTHER __________

NOTES

____

____

____

____

____

____

____

RECOMMEND TO ____________________

____

____

____

____

____

____

____

COFFEE NAME ______________________________ DATE ______________

BEVERAGE ______________________________

PLACE TASTED ______________________________ PRICE ______________

COUNTRY / REGION ______________________________

COMPANY ______________________________

TESTING RATING

	0.5	1	1.5	2	2.5	3	3.5	4	4.5	5
APPEARANCE										
AROMA										
FLAVOR										

	0.5	1	1.5	2	2.5	3	3.5	4	4.5	5
SWEET										
ACIDIC										
SPICY										
CITRUS										
CHOCOLATE										
CARAMEL										
BITTER										
SAVORY										

BREW METHOD

DRIP ☐   ESPRESSO ☐   PRESS ☐

POUR-OVER ☐   SIPHON ☐   OTHER ______

NOTES ______________________________

____

____

____

____

____

____

____

RECOMMEND TO ______________________________

____

____

____

____

____

____

____

COFFEE NAME ______________________________ DATE ______________

BEVERAGE ______________________________

PLACE TASTED ______________________________ PRICE ______________

COUNTRY / REGION ______________________________

COMPANY ______________________________

TESTING RATING

	0.5	1	1.5	2	2.5	3	3.5	4	4.5	5
APPEARANCE										
AROMA										
FLAVOR										

	0.5	1	1.5	2	2.5	3	3.5	4	4.5	5
SWEET										
ACIDIC										
SPICY										
CITRUS										
CHOCOLATE										
CARAMEL										
BITTER										
SAVORY										

BREW METHOD

DRIP ☐   ESPRESSO ☐   PRESS ☐

POUR-OVER ☐   SIPHON ☐   OTHER ______________

NOTES ______________________________

____

____

____

____

____

____

____

RECOMMEND TO ______________________________

____

____

____

____

____

____

____

COFFEE NAME ____________________________________ DATE ____________________

BEVERAGE ____

PLACE TASTED ___________________________________ PRICE ___________________

COUNTRY / REGION _______________________________

COMPANY ____

TESTING RATING

	0.5	1	1.5	2	2.5	3	3.5	4	4.5	5
APPEARANCE										
AROMA										
FLAVOR										

	0.5	1	1.5	2	2.5	3	3.5	4	4.5	5
SWEET										
ACIDIC										
SPICY										
CITRUS										
CHOCOLATE										
CARAMEL										
BITTER										
SAVORY										

BREW METHOD

DRIP ☐   ESPRESSO ☐   PRESS ☐

POUR-OVER ☐   SIPHON ☐   OTHER ___________

NOTES ____________________________________

____

____

____

____

____

____

RECOMMEND TO ____________________________

____

____

____

____

____

____

COFFEE NAME ___________________________ DATE ___________________

BEVERAGE ___________________________

PLACE TASTED ___________________________ PRICE ___________________

COUNTRY / REGION ___________________________

COMPANY ___________________________

TESTING RATING

	0.5	1	1.5	2	2.5	3	3.5	4	4.5	5
APPEARANCE										
AROMA										
FLAVOR										

	0.5	1	1.5	2	2.5	3	3.5	4	4.5	5
SWEET										
ACIDIC										
SPICY										
CITRUS										
CHOCOLATE										
CARAMEL										
BITTER										
SAVORY										

BREW METHOD

DRIP ☐   ESPRESSO ☐   PRESS ☐

POUR-OVER ☐   SIPHON ☐   OTHER ___________

NOTES ___________________________

____

____

____

____

____

____

____

RECOMMEND TO ___________________

____

____

____

____

____

____

____

COFFEE NAME ______________________________   DATE ______________

BEVERAGE ______________________________________

PLACE TASTED ____________________________   PRICE ____________

COUNTRY / REGION ____________________________

COMPANY ____

TESTING RATING

	0.5	1	1.5	2	2.5	3	3.5	4	4.5	5
APPEARANCE										
AROMA										
FLAVOR										

	0.5	1	1.5	2	2.5	3	3.5	4	4.5	5
SWEET										
ACIDIC										
SPICY										
CITRUS										
CHOCOLATE										
CARAMEL										
BITTER										
SAVORY										

BREW METHOD

DRIP ☐   ESPRESSO ☐   PRESS ☐

POUR-OVER ☐   SIPHON ☐   OTHER ____________

NOTES ____________________________

____
____
____
____
____
____
____
____

RECOMMEND TO ____________________________

____
____
____
____
____
____
____
____

COFFEE NAME _______________________ DATE _______________________

BEVERAGE _______________________

PLACE TASTED _______________________ PRICE _______________________

COUNTRY / REGION _______________________

COMPANY _______________________

TESTING RATING

	0.5	1	1.5	2	2.5	3	3.5	4	4.5	5
APPEARANCE										
AROMA										
FLAVOR										

	0.5	1	1.5	2	2.5	3	3.5	4	4.5	5
SWEET										
ACIDIC										
SPICY										
CITRUS										
CHOCOLATE										
CARAMEL										
BITTER										
SAVORY										

BREW METHOD

DRIP ☐   ESPRESSO ☐   PRESS ☐

POUR-OVER ☐   SIPHON ☐   OTHER _______________________

NOTES _______________________

____

____

____

____

____

____

____

RECOMMEND TO _______________________

____

____

____

____

____

____

____

COFFEE NAME _______________________________   DATE _______________________

BEVERAGE ____

PLACE TASTED _______________________________   PRICE _______________

COUNTRY / REGION _______________________________

COMPANY _______________________________

TESTING RATING

	0.5	1	1.5	2	2.5	3	3.5	4	4.5	5
APPEARANCE										
AROMA										
FLAVOR										

	0.5	1	1.5	2	2.5	3	3.5	4	4.5	5
SWEET										
ACIDIC										
SPICY										
CITRUS										
CHOCOLATE										
CARAMEL										
BITTER										
SAVORY										

BREW METHOD

DRIP ☐   ESPRESSO ☐   PRESS ☐

POUR-OVER ☐   SIPHON ☐   OTHER _________

NOTES _______________________________

____

____

____

____

____

____

RECOMMEND TO _______________________________

____

____

____

____

____

____

COFFEE NAME ______________________________ DATE ______________________

BEVERAGE ______________________________

PLACE TASTED ______________________________ PRICE ______________________

COUNTRY / REGION ______________________________

COMPANY ______________________________

TESTING RATING

	0.5	1	1.5	2	2.5	3	3.5	4	4.5	5
APPEARANCE										
AROMA										
FLAVOR										

	0.5	1	1.5	2	2.5	3	3.5	4	4.5	5
SWEET										
ACIDIC										
SPICY										
CITRUS										
CHOCOLATE										
CARAMEL										
BITTER										
SAVORY										

BREW METHOD

DRIP ☐   ESPRESSO ☐   PRESS ☐

POUR-OVER ☐   SIPHON ☐   OTHER ______

NOTES ______________________________

____

____

____

____

____

____

____

RECOMMEND TO ______________________________

____

____

____

____

____

____

____

COFFEE NAME ___________________________   DATE ___________________

BEVERAGE ____

PLACE TASTED ___________________________   PRICE ___________________

COUNTRY / REGION ___________________________

COMPANY ___________________________

TESTING RATING

	0.5	1	1.5	2	2.5	3	3.5	4	4.5	5
APPEARANCE										
AROMA										
FLAVOR										

	0.5	1	1.5	2	2.5	3	3.5	4	4.5	5
SWEET										
ACIDIC										
SPICY										
CITRUS										
CHOCOLATE										
CARAMEL										
BITTER										
SAVORY										

BREW METHOD

DRIP ☐   ESPRESSO ☐   PRESS ☐

POUR-OVER ☐   SIPHON ☐   OTHER _________

NOTES ___________________________

____

____

____

____

____

____

RECOMMEND TO ___________________________

____

____

____

____

____

COFFEE NAME _______________________   DATE _______________________

BEVERAGE _______________________

PLACE TASTED _______________________   PRICE _______________________

COUNTRY / REGION _______________________

COMPANY _______________________

TESTING RATING

	0.5	1	1.5	2	2.5	3	3.5	4	4.5	5
APPEARANCE										
AROMA										
FLAVOR										

	0.5	1	1.5	2	2.5	3	3.5	4	4.5	5
SWEET										
ACIDIC										
SPICY										
CITRUS										
CHOCOLATE										
CARAMEL										
BITTER										
SAVORY										

BREW METHOD

DRIP ☐   ESPRESSO ☐   PRESS ☐

POUR-OVER ☐   SIPHON ☐   OTHER __________

NOTES _______________________

____

____

____

____

____

____

RECOMMEND TO _______________________

____

____

____

____

____

____

COFFEE NAME ______________________________ DATE ________________

BEVERAGE ______________________________________

PLACE TASTED ______________________________ PRICE ________________

COUNTRY / REGION ______________________________

COMPANY ______________________________________

TESTING RATING

	0.5	1	1.5	2	2.5	3	3.5	4	4.5	5
APPEARANCE										
AROMA										
FLAVOR										

	0.5	1	1.5	2	2.5	3	3.5	4	4.5	5
SWEET										
ACIDIC										
SPICY										
CITRUS										
CHOCOLATE										
CARAMEL										
BITTER										
SAVORY										

BREW METHOD

DRIP ☐   ESPRESSO ☐   PRESS ☐

POUR-OVER ☐   SIPHON ☐   OTHER ________

NOTES ______________________________

____

____

____

____

____

____

____

RECOMMEND TO ______________________________

____

____

____

____

____

____

____

COFFEE NAME _______________________________ DATE _______________________

BEVERAGE _______________________________

PLACE TASTED _______________________________ PRICE _______________________

COUNTRY / REGION _______________________________

COMPANY _______________________________

TESTING RATING

	0.5	1	1.5	2	2.5	3	3.5	4	4.5	5
APPEARANCE										
AROMA										
FLAVOR										

	0.5	1	1.5	2	2.5	3	3.5	4	4.5	5
SWEET										
ACIDIC										
SPICY										
CITRUS										
CHOCOLATE										
CARAMEL										
BITTER										
SAVORY										

BREW METHOD

DRIP ☐   ESPRESSO ☐   PRESS ☐

POUR-OVER ☐   SIPHON ☐   OTHER _______

NOTES _______________________________

____

____

____

____

____

____

____

RECOMMEND TO _______________________________

____

____

____

____

____

____

COFFEE NAME _______________________________   DATE _______________

BEVERAGE _________________________________

PLACE TASTED ______________________________   PRICE _______________

COUNTRY / REGION __________________________

COMPANY __________________________________

TESTING RATING

	0.5	1	1.5	2	2.5	3	3.5	4	4.5	5
APPEARANCE										
AROMA										
FLAVOR										

	0.5	1	1.5	2	2.5	3	3.5	4	4.5	5
SWEET										
ACIDIC										
SPICY										
CITRUS										
CHOCOLATE										
CARAMEL										
BITTER										
SAVORY										

BREW METHOD

DRIP ☐   ESPRESSO ☐   PRESS ☐

POUR-OVER ☐   SIPHON ☐   OTHER ________

NOTES _______________________

____

____

____

____

____

____

____

RECOMMEND TO _______________________

____

____

____

____

____

____

____

COFFEE NAME _______________________________   DATE _______________

BEVERAGE _______________________________

PLACE TASTED _______________________   PRICE _______________

COUNTRY / REGION _______________________

COMPANY _______________________

TESTING RATING

	0.5	1	1.5	2	2.5	3	3.5	4	4.5	5
APPEARANCE										
AROMA										
FLAVOR										

	0.5	1	1.5	2	2.5	3	3.5	4	4.5	5
SWEET										
ACIDIC										
SPICY										
CITRUS										
CHOCOLATE										
CARAMEL										
BITTER										
SAVORY										

BREW METHOD

DRIP ☐   ESPRESSO ☐   PRESS ☐

POUR-OVER ☐   SIPHON ☐   OTHER _______

NOTES _______________________

____

____

____

____

____

____

____

____

RECOMMEND TO _______________________

____

____

____

____

____

____

____

____

COFFEE NAME ____________________________   DATE ________________

BEVERAGE ______________________________________

PLACE TASTED ________________________   PRICE ________________

COUNTRY / REGION ____________________________

COMPANY ______________________________________

TESTING RATING

	0.5	1	1.5	2	2.5	3	3.5	4	4.5	5
APPEARANCE										
AROMA										
FLAVOR										

	0.5	1	1.5	2	2.5	3	3.5	4	4.5	5
SWEET										
ACIDIC										
SPICY										
CITRUS										
CHOCOLATE										
CARAMEL										
BITTER										
SAVORY										

BREW METHOD

DRIP ☐   ESPRESSO ☐   PRESS ☐

POUR-OVER ☐   SIPHON ☐   OTHER ________

NOTES ____________________________

____

____

____

____

____

____

____

RECOMMEND TO ____________________________

____

____

____

____

____

____

COFFEE NAME _______________________ DATE _______________

BEVERAGE _______________________

PLACE TASTED _______________________ PRICE _______________

COUNTRY / REGION _______________________

COMPANY _______________________

TESTING RATING

	0.5	1	1.5	2	2.5	3	3.5	4	4.5	5
APPEARANCE										
AROMA										
FLAVOR										

	0.5	1	1.5	2	2.5	3	3.5	4	4.5	5
SWEET										
ACIDIC										
SPICY										
CITRUS										
CHOCOLATE										
CARAMEL										
BITTER										
SAVORY										

BREW METHOD

DRIP ☐   ESPRESSO ☐   PRESS ☐

POUR-OVER ☐   SIPHON ☐   OTHER _______________

NOTES

____

____

____

____

____

____

____

RECOMMEND TO _______________

____

____

____

____

____

____

COFFEE NAME ________________________________   DATE ________________

BEVERAGE ____

PLACE TASTED ________________________   PRICE ________________

COUNTRY / REGION ________________________

COMPANY ________________________________

TESTING RATING

	0.5	1	1.5	2	2.5	3	3.5	4	4.5	5
APPEARANCE										
AROMA										
FLAVOR										

	0.5	1	1.5	2	2.5	3	3.5	4	4.5	5
SWEET										
ACIDIC										
SPICY										
CITRUS										
CHOCOLATE										
CARAMEL										
BITTER										
SAVORY										

BREW METHOD

DRIP ☐   ESPRESSO ☐   PRESS ☐

POUR-OVER ☐   SIPHON ☐   OTHER ________

NOTES ________________________________

____

____

____

____

____

____

RECOMMEND TO ________________________

____

____

____

____

____

COFFEE NAME _______________________ DATE _______________

BEVERAGE _______________________

PLACE TASTED _______________________ PRICE _______________

COUNTRY / REGION _______________________

COMPANY _______________________

TESTING RATING

	0.5	1	1.5	2	2.5	3	3.5	4	4.5	5
APPEARANCE										
AROMA										
FLAVOR										

	0.5	1	1.5	2	2.5	3	3.5	4	4.5	5
SWEET										
ACIDIC										
SPICY										
CITRUS										
CHOCOLATE										
CARAMEL										
BITTER										
SAVORY										

BREW METHOD

DRIP ☐   ESPRESSO ☐   PRESS ☐

POUR-OVER ☐   SIPHON ☐   OTHER _______

NOTES _______________________

____

____

____

____

____

____

____

RECOMMEND TO _______________________

____

____

____

____

____

____

____

COFFEE NAME ________________________________ DATE ________________

BEVERAGE ____

PLACE TASTED ________________________________ PRICE ________________

COUNTRY / REGION ________________________________

COMPANY ________________________________

TESTING RATING

	0.5	1	1.5	2	2.5	3	3.5	4	4.5	5
APPEARANCE										
AROMA										
FLAVOR										

	0.5	1	1.5	2	2.5	3	3.5	4	4.5	5
SWEET										
ACIDIC										
SPICY										
CITRUS										
CHOCOLATE										
CARAMEL										
BITTER										
SAVORY										

BREW METHOD

DRIP ☐   ESPRESSO ☐   PRESS ☐

POUR-OVER ☐   SIPHON ☐   OTHER ________

NOTES ________________________________

____

____

____

____

____

____

____

RECOMMEND TO ________________

____

____

____

____

____

____

COFFEE NAME ______________________________ DATE ______________________

BEVERAGE ______________________________

PLACE TASTED ______________________________ PRICE ______________________

COUNTRY / REGION ______________________________

COMPANY ______________________________

TESTING RATING

	0.5	1	1.5	2	2.5	3	3.5	4	4.5	5
APPEARANCE										
AROMA										
FLAVOR										

	0.5	1	1.5	2	2.5	3	3.5	4	4.5	5
SWEET										
ACIDIC										
SPICY										
CITRUS										
CHOCOLATE										
CARAMEL										
BITTER										
SAVORY										

BREW METHOD

DRIP ☐   ESPRESSO ☐   PRESS ☐

POUR-OVER ☐   SIPHON ☐   OTHER __________

NOTES ______________________________

____

____

____

____

____

____

____

RECOMMEND TO ______________________________

____

____

____

____

____

____

COFFEE NAME _______________________________   DATE _______________

BEVERAGE _______________________________________

PLACE TASTED _______________________________   PRICE _______________

COUNTRY / REGION _________________________________

COMPANY ____

TESTING RATING

	0.5	1	1.5	2	2.5	3	3.5	4	4.5	5
APPEARANCE										
AROMA										
FLAVOR										

	0.5	1	1.5	2	2.5	3	3.5	4	4.5	5
SWEET										
ACIDIC										
SPICY										
CITRUS										
CHOCOLATE										
CARAMEL										
BITTER										
SAVORY										

BREW METHOD

DRIP ☐   ESPRESSO ☐   PRESS ☐

POUR-OVER ☐   SIPHON ☐   OTHER _________

NOTES _______________________________

____

____

____

____

____

____

____

RECOMMEND TO _______________________________

____

____

____

____

____

____

____

COFFEE NAME _________________________   DATE _________________________

BEVERAGE _________________________

PLACE TASTED _________________________   PRICE _________________________

COUNTRY / REGION _________________________

COMPANY _________________________

TESTING RATING

	0.5	1	1.5	2	2.5	3	3.5	4	4.5	5
APPEARANCE										
AROMA										
FLAVOR										

	0.5	1	1.5	2	2.5	3	3.5	4	4.5	5
SWEET										
ACIDIC										
SPICY										
CITRUS										
CHOCOLATE										
CARAMEL										
BITTER										
SAVORY										

BREW METHOD

DRIP ☐   ESPRESSO ☐   PRESS ☐

POUR-OVER ☐   SIPHON ☐   OTHER _________

NOTES _________________________

____
____
____
____
____
____
____
____

RECOMMEND TO _________________________

____
____
____
____
____
____
____
____

COFFEE NAME _____________________________ DATE ________________

BEVERAGE _____________________________

PLACE TASTED _______________________ PRICE ________________

COUNTRY / REGION _____________________

COMPANY _____________________________

TESTING RATING

	0.5	1	1.5	2	2.5	3	3.5	4	4.5	5
APPEARANCE										
AROMA										
FLAVOR										

	0.5	1	1.5	2	2.5	3	3.5	4	4.5	5
SWEET										
ACIDIC										
SPICY										
CITRUS										
CHOCOLATE										
CARAMEL										
BITTER										
SAVORY										

BREW METHOD

DRIP ☐   ESPRESSO ☐   PRESS ☐

POUR-OVER ☐   SIPHON ☐   OTHER _______

NOTES _______________________

RECOMMEND TO _______________

COFFEE NAME _______________________________ DATE _______________________

BEVERAGE _____________________________

PLACE TASTED _________________________ PRICE _______________________

COUNTRY / REGION _____________________

COMPANY ______________________________

TESTING RATING

	0.5	1	1.5	2	2.5	3	3.5	4	4.5	5
APPEARANCE										
AROMA										
FLAVOR										

	0.5	1	1.5	2	2.5	3	3.5	4	4.5	5
SWEET										
ACIDIC										
SPICY										
CITRUS										
CHOCOLATE										
CARAMEL										
BITTER										
SAVORY										

BREW METHOD

DRIP ☐   ESPRESSO ☐   PRESS ☐

POUR-OVER ☐   SIPHON ☐   OTHER _________

NOTES _______________________

____

____

____

____

____

____

____

RECOMMEND TO _______________

____

____

____

____

____

____

____

COFFEE NAME _________________________   DATE _________________

BEVERAGE _________________________________

PLACE TASTED _______________________   PRICE _______________

COUNTRY / REGION _________________________

COMPANY _________________________________

TESTING RATING

	0.5	1	1.5	2	2.5	3	3.5	4	4.5	5
APPEARANCE										
AROMA										
FLAVOR										

	0.5	1	1.5	2	2.5	3	3.5	4	4.5	5
SWEET										
ACIDIC										
SPICY										
CITRUS										
CHOCOLATE										
CARAMEL										
BITTER										
SAVORY										

BREW METHOD

DRIP ☐   ESPRESSO ☐   PRESS ☐

POUR-OVER ☐   SIPHON ☐   OTHER _________

NOTES _______________________________

____

____

____

____

____

____

____

RECOMMEND TO _______________________

____

____

____

____

____

____

____

COFFEE NAME _______________________________   DATE _______________

BEVERAGE _________________________________

PLACE TASTED _____________________________   PRICE _______________

COUNTRY / REGION _________________________

COMPANY __________________________________

TESTING RATING

	0.5	1	1.5	2	2.5	3	3.5	4	4.5	5
APPEARANCE										
AROMA										
FLAVOR										

	0.5	1	1.5	2	2.5	3	3.5	4	4.5	5
SWEET										
ACIDIC										
SPICY										
CITRUS										
CHOCOLATE										
CARAMEL										
BITTER										
SAVORY										

BREW METHOD

DRIP ☐   ESPRESSO ☐   PRESS ☐

POUR-OVER ☐   SIPHON ☐   OTHER _________

NOTES _______________________________

____

____

____

____

____

____

____

RECOMMEND TO _______________________

____

____

____

____

____

____

____

COFFEE NAME ___________________________   DATE ________________

BEVERAGE ___________________________________

PLACE TASTED ________________________________   PRICE ____________

COUNTRY / REGION ______________________

COMPANY ____

TESTING RATING

	0.5	1	1.5	2	2.5	3	3.5	4	4.5	5
APPEARANCE										
AROMA										
FLAVOR										

	0.5	1	1.5	2	2.5	3	3.5	4	4.5	5
SWEET										
ACIDIC										
SPICY										
CITRUS										
CHOCOLATE										
CARAMEL										
BITTER										
SAVORY										

BREW METHOD

DRIP ☐   ESPRESSO ☐   PRESS ☐

POUR-OVER ☐   SIPHON ☐   OTHER __________

NOTES

____
____
____
____
____
____
____
____

RECOMMEND TO ________________

____
____
____
____
____
____
____
____

COFFEE NAME _______________________   DATE _______________

BEVERAGE _______________________

PLACE TASTED _______________________   PRICE _______________

COUNTRY / REGION _______________________

COMPANY _______________________

TESTING RATING

	0.5	1	1.5	2	2.5	3	3.5	4	4.5	5
APPEARANCE										
AROMA										
FLAVOR										

	0.5	1	1.5	2	2.5	3	3.5	4	4.5	5
SWEET										
ACIDIC										
SPICY										
CITRUS										
CHOCOLATE										
CARAMEL										
BITTER										
SAVORY										

BREW METHOD

DRIP ☐   ESPRESSO ☐   PRESS ☐

POUR-OVER ☐   SIPHON ☐   OTHER _______

NOTES

____

____

____

____

____

____

____

____

____

RECOMMEND TO _______________________

____

____

____

____

____

____

____

____

COFFEE NAME _______________________ DATE _______________

BEVERAGE _______________________

PLACE TASTED _______________________ PRICE _______________

COUNTRY / REGION _______________________

COMPANY _______________________

TESTING RATING

	0.5	1	1.5	2	2.5	3	3.5	4	4.5	5
APPEARANCE										
AROMA										
FLAVOR										

	0.5	1	1.5	2	2.5	3	3.5	4	4.5	5
SWEET										
ACIDIC										
SPICY										
CITRUS										
CHOCOLATE										
CARAMEL										
BITTER										
SAVORY										

BREW METHOD

DRIP ☐   ESPRESSO ☐   PRESS ☐

POUR-OVER ☐   SIPHON ☐   OTHER _______________

NOTES _______________

____

____

____

____

____

____

____

RECOMMEND TO _______________

____

____

____

____

____

____

____

COFFEE NAME ___________________________________ DATE ___________________

BEVERAGE ___________________________________

PLACE TASTED ___________________________________ PRICE ___________________

COUNTRY / REGION ___________________________________

COMPANY ___________________________________

TESTING RATING

	0.5	1	1.5	2	2.5	3	3.5	4	4.5	5
APPEARANCE										
AROMA										
FLAVOR										

	0.5	1	1.5	2	2.5	3	3.5	4	4.5	5
SWEET										
ACIDIC										
SPICY										
CITRUS										
CHOCOLATE										
CARAMEL										
BITTER										
SAVORY										

BREW METHOD

DRIP ☐   ESPRESSO ☐   PRESS ☐

POUR-OVER ☐   SIPHON ☐   OTHER __________

NOTES ___________________________________

____

____

____

____

____

____

____

RECOMMEND TO ___________________________________

____

____

____

____

____

____

____

COFFEE NAME ______________________________ DATE ________________

BEVERAGE ____

PLACE TASTED _______________________________ PRICE ________________

COUNTRY / REGION _______________________________

COMPANY _______________________________

TESTING RATING

	0.5	1	1.5	2	2.5	3	3.5	4	4.5	5
APPEARANCE										
AROMA										
FLAVOR										

	0.5	1	1.5	2	2.5	3	3.5	4	4.5	5
SWEET										
ACIDIC										
SPICY										
CITRUS										
CHOCOLATE										
CARAMEL										
BITTER										
SAVORY										

BREW METHOD

DRIP ☐   ESPRESSO ☐   PRESS ☐

POUR-OVER ☐   SIPHON ☐   OTHER ________

NOTES _______________________________

____

____

____

____

____

____

RECOMMEND TO _______________________________

____

____

____

____

____

____

COFFEE NAME _______________________________   DATE _______________________

BEVERAGE _______________________________

PLACE TASTED _______________________________   PRICE _______________________

COUNTRY / REGION _______________________________

COMPANY _______________________________

TESTING RATING

	0.5	1	1.5	2	2.5	3	3.5	4	4.5	5
APPEARANCE										
AROMA										
FLAVOR										

	0.5	1	1.5	2	2.5	3	3.5	4	4.5	5
SWEET										
ACIDIC										
SPICY										
CITRUS										
CHOCOLATE										
CARAMEL										
BITTER										
SAVORY										

BREW METHOD

DRIP ☐   ESPRESSO ☐   PRESS ☐

POUR-OVER ☐   SIPHON ☐   OTHER _________

NOTES _______________________________

____

____

____

____

____

____

____

RECOMMEND TO _______________________________

____

____

____

____

____

____

____

COFFEE NAME ________________________________   DATE ________________

BEVERAGE ________________________________

PLACE TASTED ________________________________   PRICE ________________

COUNTRY / REGION ________________________________

COMPANY ________________________________

TESTING RATING

	0.5	1	1.5	2	2.5	3	3.5	4	4.5	5
APPEARANCE										
AROMA										
FLAVOR										

	0.5	1	1.5	2	2.5	3	3.5	4	4.5	5
SWEET										
ACIDIC										
SPICY										
CITRUS										
CHOCOLATE										
CARAMEL										
BITTER										
SAVORY										

BREW METHOD

DRIP ☐   ESPRESSO ☐   PRESS ☐

POUR-OVER ☐   SIPHON ☐   OTHER __________

NOTES ________________________________

____

____

____

____

____

____

RECOMMEND TO ________________________________

____

____

____

____

____

____

COFFEE NAME ________________________ DATE ________________

BEVERAGE ____________________________

PLACE TASTED ________________________ PRICE ________________

COUNTRY / REGION ____________________

COMPANY ____________________________

TESTING RATING

	0.5	1	1.5	2	2.5	3	3.5	4	4.5	5
APPEARANCE										
AROMA										
FLAVOR										

	0.5	1	1.5	2	2.5	3	3.5	4	4.5	5
SWEET										
ACIDIC										
SPICY										
CITRUS										
CHOCOLATE										
CARAMEL										
BITTER										
SAVORY										

BREW METHOD

DRIP ☐   ESPRESSO ☐   PRESS ☐

POUR-OVER ☐   SIPHON ☐   OTHER ________

NOTES

____

____

____

____

____

____

____

____

RECOMMEND TO ________________

____

____

____

____

____

____

____

____

COFFEE NAME _________________________________   DATE _______________________

BEVERAGE ____

PLACE TASTED _______________________________   PRICE _______________

COUNTRY / REGION _______________________________

COMPANY ____

TESTING RATING

	0.5	1	1.5	2	2.5	3	3.5	4	4.5	5
APPEARANCE										
AROMA										
FLAVOR										

	0.5	1	1.5	2	2.5	3	3.5	4	4.5	5
SWEET										
ACIDIC										
SPICY										
CITRUS										
CHOCOLATE										
CARAMEL										
BITTER										
SAVORY										

BREW METHOD

DRIP ☐   ESPRESSO ☐   PRESS ☐

POUR-OVER ☐   SIPHON ☐   OTHER _________

NOTES _______________________________

____

____

____

____

____

____

____

____

RECOMMEND TO _______________

____

____

____

____

____

____

____

____

COFFEE NAME ________________________________   DATE ________________

BEVERAGE ________________________________

PLACE TASTED ____________________________   PRICE ______________

COUNTRY / REGION ________________________

COMPANY ________________________________

TESTING RATING

	0.5	1	1.5	2	2.5	3	3.5	4	4.5	5
APPEARANCE										
AROMA										
FLAVOR										

	0.5	1	1.5	2	2.5	3	3.5	4	4.5	5
SWEET										
ACIDIC										
SPICY										
CITRUS										
CHOCOLATE										
CARAMEL										
BITTER										
SAVORY										

BREW METHOD

DRIP ☐   ESPRESSO ☐   PRESS ☐

POUR-OVER ☐   SIPHON ☐   OTHER ________

NOTES ____________________________

____

____

____

____

____

____

RECOMMEND TO ____________________

____

____

____

____

____

____

COFFEE NAME _______________________________ DATE _______________________

BEVERAGE _______________________________

PLACE TASTED _______________________________ PRICE _______________________

COUNTRY / REGION _______________________________

COMPANY _______________________________

TESTING RATING

	0.5	1	1.5	2	2.5	3	3.5	4	4.5	5
APPEARANCE										
AROMA										
FLAVOR										

	0.5	1	1.5	2	2.5	3	3.5	4	4.5	5
SWEET										
ACIDIC										
SPICY										
CITRUS										
CHOCOLATE										
CARAMEL										
BITTER										
SAVORY										

BREW METHOD

DRIP ☐   ESPRESSO ☐   PRESS ☐

POUR-OVER ☐   SIPHON ☐   OTHER _________

NOTES _______________________________

____

____

____

____

____

____

____

RECOMMEND TO _______________________________

____

____

____

____

____

____

____

COFFEE NAME ______________________________   DATE ____________________

BEVERAGE ____________________________________

PLACE TASTED ______________________________   PRICE ________________

COUNTRY / REGION ________________________

COMPANY ________________________________

TESTING RATING

	0.5	1	1.5	2	2.5	3	3.5	4	4.5	5
APPEARANCE										
AROMA										
FLAVOR										

	0.5	1	1.5	2	2.5	3	3.5	4	4.5	5
SWEET										
ACIDIC										
SPICY										
CITRUS										
CHOCOLATE										
CARAMEL										
BITTER										
SAVORY										

BREW METHOD

DRIP ☐   ESPRESSO ☐   PRESS ☐

POUR-OVER ☐   SIPHON ☐   OTHER __________

NOTES ______________________________   RECOMMEND TO ______________________

_______________________________________   _______________________________________

_______________________________________   _______________________________________

_______________________________________   _______________________________________

_______________________________________   _______________________________________

_______________________________________   _______________________________________

_______________________________________   _______________________________________

_______________________________________   _______________________________________

_______________________________________   _______________________________________

COFFEE NAME _______________________________ DATE _______________________

BEVERAGE ____

PLACE TASTED ____________________________________ PRICE ___________________

COUNTRY / REGION ________________________________

COMPANY ____

TESTING RATING

	0.5	1	1.5	2	2.5	3	3.5	4	4.5	5
APPEARANCE										
AROMA										
FLAVOR										

	0.5	1	1.5	2	2.5	3	3.5	4	4.5	5
SWEET										
ACIDIC										
SPICY										
CITRUS										
CHOCOLATE										
CARAMEL										
BITTER										
SAVORY										

BREW METHOD

DRIP ☐   ESPRESSO ☐   PRESS ☐

POUR-OVER ☐   SIPHON ☐   OTHER _________

NOTES ____________________________

____

____

____

____

____

____

____

RECOMMEND TO _____________________

____

____

____

____

____

____

____

COFFEE NAME _______________________   DATE _______________

BEVERAGE _______________________

PLACE TASTED _______________________   PRICE _______________

COUNTRY / REGION _______________________

COMPANY _______________________

TESTING RATING

	0.5	1	1.5	2	2.5	3	3.5	4	4.5	5
APPEARANCE										
AROMA										
FLAVOR										

	0.5	1	1.5	2	2.5	3	3.5	4	4.5	5
SWEET										
ACIDIC										
SPICY										
CITRUS										
CHOCOLATE										
CARAMEL										
BITTER										
SAVORY										

BREW METHOD

DRIP ☐   ESPRESSO ☐   PRESS ☐

POUR-OVER ☐   SIPHON ☐   OTHER _______

NOTES _______________________

____

____

____

____

____

____

____

RECOMMEND TO _______________________

____

____

____

____

____

____

____

COFFEE NAME ______________________________ DATE ______________

BEVERAGE ________________________________

PLACE TASTED ______________________________ PRICE ______________

COUNTRY / REGION ______________________________

COMPANY ______________________________

TESTING RATING

	0.5	1	1.5	2	2.5	3	3.5	4	4.5	5
APPEARANCE										
AROMA										
FLAVOR										

	0.5	1	1.5	2	2.5	3	3.5	4	4.5	5
SWEET										
ACIDIC										
SPICY										
CITRUS										
CHOCOLATE										
CARAMEL										
BITTER										
SAVORY										

BREW METHOD

DRIP ☐   ESPRESSO ☐   PRESS ☐

POUR-OVER ☐   SIPHON ☐   OTHER __________

NOTES ______________________________

____

____

____

____

____

____

____

RECOMMEND TO ______________________________

____

____

____

____

____

____

____

COFFEE NAME _________________________________ DATE _________________

BEVERAGE _____________________________________

PLACE TASTED _______________________________ PRICE _________________

COUNTRY / REGION __________________________

COMPANY ____________________________________

TESTING RATING

	0.5	1	1.5	2	2.5	3	3.5	4	4.5	5
APPEARANCE										
AROMA										
FLAVOR										

	0.5	1	1.5	2	2.5	3	3.5	4	4.5	5
SWEET										
ACIDIC										
SPICY										
CITRUS										
CHOCOLATE										
CARAMEL										
BITTER										
SAVORY										

BREW METHOD

DRIP ☐   ESPRESSO ☐   PRESS ☐

POUR-OVER ☐   SIPHON ☐   OTHER _________

NOTES _______________________________   RECOMMEND TO _______________________________

COFFEE NAME ___________________________   DATE ___________________

BEVERAGE ___________________________________

PLACE TASTED ___________________________   PRICE ___________________

COUNTRY / REGION ___________________________

COMPANY ___________________________________

TESTING RATING

	0.5	1	1.5	2	2.5	3	3.5	4	4.5	5
APPEARANCE										
AROMA										
FLAVOR										

	0.5	1	1.5	2	2.5	3	3.5	4	4.5	5
SWEET										
ACIDIC										
SPICY										
CITRUS										
CHOCOLATE										
CARAMEL										
BITTER										
SAVORY										

BREW METHOD

DRIP ☐   ESPRESSO ☐   PRESS ☐

POUR-OVER ☐   SIPHON ☐   OTHER _________

NOTES ___________________________

____

____

____

____

____

____

____

RECOMMEND TO ___________________________

____

____

____

____

____

____

____

COFFEE NAME _______________________ DATE _______________

BEVERAGE _______________________________

PLACE TASTED _______________________ PRICE _______________

COUNTRY / REGION _______________________

COMPANY _______________________

TESTING RATING

	0.5	1	1.5	2	2.5	3	3.5	4	4.5	5
APPEARANCE										
AROMA										
FLAVOR										

	0.5	1	1.5	2	2.5	3	3.5	4	4.5	5
SWEET										
ACIDIC										
SPICY										
CITRUS										
CHOCOLATE										
CARAMEL										
BITTER										
SAVORY										

BREW METHOD

DRIP ☐   ESPRESSO ☐   PRESS ☐

POUR-OVER ☐   SIPHON ☐   OTHER _______

NOTES _______________________

____

____

____

____

____

____

____

RECOMMEND TO _______________________

____

____

____

____

____

____

____

COFFEE NAME _______________________________ DATE _______________________________

BEVERAGE _______________________________

PLACE TASTED _______________________________ PRICE _______________________________

COUNTRY / REGION _______________________________

COMPANY _______________________________

TESTING RATING

	0.5	1	1.5	2	2.5	3	3.5	4	4.5	5
APPEARANCE										
AROMA										
FLAVOR										

	0.5	1	1.5	2	2.5	3	3.5	4	4.5	5
SWEET										
ACIDIC										
SPICY										
CITRUS										
CHOCOLATE										
CARAMEL										
BITTER										
SAVORY										

BREW METHOD

DRIP ☐   ESPRESSO ☐   PRESS ☐

POUR-OVER ☐   SIPHON ☐   OTHER __________

NOTES _______________________________

____

____

____

____

____

____

____

RECOMMEND TO _______________________________

____

____

____

____

____

____

____

COFFEE NAME _______________________   DATE _______________

BEVERAGE _______________________

PLACE TASTED _______________________   PRICE _______________

COUNTRY / REGION _______________________

COMPANY _______________________

TESTING RATING

	0.5	1	1.5	2	2.5	3	3.5	4	4.5	5
APPEARANCE										
AROMA										
FLAVOR										

	0.5	1	1.5	2	2.5	3	3.5	4	4.5	5
SWEET										
ACIDIC										
SPICY										
CITRUS										
CHOCOLATE										
CARAMEL										
BITTER										
SAVORY										

BREW METHOD

DRIP ☐   ESPRESSO ☐   PRESS ☐

POUR-OVER ☐   SIPHON ☐   OTHER _______

NOTES

____

____

____

____

____

____

____

____

RECOMMEND TO _______________________

____

____

____

____

____

____

____

COFFEE NAME ______________________________   DATE ______________________

BEVERAGE ______________________________

PLACE TASTED ______________________________   PRICE ______________________

COUNTRY / REGION ______________________________

COMPANY ______________________________

TESTING RATING

	0.5	1	1.5	2	2.5	3	3.5	4	4.5	5
APPEARANCE										
AROMA										
FLAVOR										

	0.5	1	1.5	2	2.5	3	3.5	4	4.5	5
SWEET										
ACIDIC										
SPICY										
CITRUS										
CHOCOLATE										
CARAMEL										
BITTER										
SAVORY										

BREW METHOD

DRIP ☐   ESPRESSO ☐   PRESS ☐

POUR-OVER ☐   SIPHON ☐   OTHER ______

NOTES ______________________________

____

____

____

____

____

____

RECOMMEND TO ______________________________

____

____

____

____

____

____

COFFEE NAME _______________________   DATE _______________

BEVERAGE _______________________

PLACE TASTED _______________________   PRICE _______________

COUNTRY / REGION _______________________

COMPANY _______________________

TESTING RATING

	0.5	1	1.5	2	2.5	3	3.5	4	4.5	5
APPEARANCE										
AROMA										
FLAVOR										

	0.5	1	1.5	2	2.5	3	3.5	4	4.5	5
SWEET										
ACIDIC										
SPICY										
CITRUS										
CHOCOLATE										
CARAMEL										
BITTER										
SAVORY										

BREW METHOD

DRIP ☐   ESPRESSO ☐   PRESS ☐

POUR-OVER ☐   SIPHON ☐   OTHER _______

NOTES _______________________

____

____

____

____

____

____

____

RECOMMEND TO _______________________

____

____

____

____

____

____

____

COFFEE NAME _______________________________   DATE _______________

BEVERAGE ____

PLACE TASTED _______________________________   PRICE _______________

COUNTRY / REGION _______________________________

COMPANY _______________________________

TESTING RATING

	0.5	1	1.5	2	2.5	3	3.5	4	4.5	5
APPEARANCE										
AROMA										
FLAVOR										

	0.5	1	1.5	2	2.5	3	3.5	4	4.5	5
SWEET										
ACIDIC										
SPICY										
CITRUS										
CHOCOLATE										
CARAMEL										
BITTER										
SAVORY										

BREW METHOD

DRIP ☐   ESPRESSO ☐   PRESS ☐

POUR-OVER ☐   SIPHON ☐   OTHER _______

NOTES _______________________________

____
____
____
____
____
____

RECOMMEND TO _______________________________

____
____
____
____
____
____

COFFEE NAME ______________________________   DATE ________________

BEVERAGE ________________________________

PLACE TASTED __________________________   PRICE ________________

COUNTRY / REGION ______________________

COMPANY ________________________________

TESTING RATING

	0.5	1	1.5	2	2.5	3	3.5	4	4.5	5
APPEARANCE										
AROMA										
FLAVOR										

	0.5	1	1.5	2	2.5	3	3.5	4	4.5	5
SWEET										
ACIDIC										
SPICY										
CITRUS										
CHOCOLATE										
CARAMEL										
BITTER										
SAVORY										

BREW METHOD

DRIP ☐   ESPRESSO ☐   PRESS ☐

POUR-OVER ☐   SIPHON ☐   OTHER __________

NOTES ________________________________

RECOMMEND TO ________________________________

COFFEE NAME ____________________________ DATE ________________

BEVERAGE ____________________________

PLACE TASTED ____________________________ PRICE ________________

COUNTRY / REGION ____________________________

COMPANY ____________________________

TESTING RATING

	0.5	1	1.5	2	2.5	3	3.5	4	4.5	5
APPEARANCE										
AROMA										
FLAVOR										

	0.5	1	1.5	2	2.5	3	3.5	4	4.5	5
SWEET										
ACIDIC										
SPICY										
CITRUS										
CHOCOLATE										
CARAMEL										
BITTER										
SAVORY										

BREW METHOD

DRIP ☐   ESPRESSO ☐   PRESS ☐

POUR-OVER ☐   SIPHON ☐   OTHER ________

NOTES ____________________________

____

____

____

____

____

____

RECOMMEND TO ________________

____

____

____

____

____

____

COFFEE NAME _______________________________   DATE _______________________

BEVERAGE _______________________________

PLACE TASTED _______________________________   PRICE _______________________

COUNTRY / REGION _______________________________

COMPANY _______________________________

TESTING RATING

	0.5	1	1.5	2	2.5	3	3.5	4	4.5	5
APPEARANCE										
AROMA										
FLAVOR										

	0.5	1	1.5	2	2.5	3	3.5	4	4.5	5
SWEET										
ACIDIC										
SPICY										
CITRUS										
CHOCOLATE										
CARAMEL										
BITTER										
SAVORY										

BREW METHOD

DRIP ☐   ESPRESSO ☐   PRESS ☐

POUR-OVER ☐   SIPHON ☐   OTHER _______

NOTES _______________________________

____

____

____

____

____

____

____

RECOMMEND TO _______________________________

____

____

____

____

____

____

____

COFFEE NAME _________________________________   DATE _________________

BEVERAGE ____

PLACE TASTED _______________________________   PRICE _______________

COUNTRY / REGION _______________________

COMPANY _________________________________

TESTING RATING

	0.5	1	1.5	2	2.5	3	3.5	4	4.5	5
APPEARANCE										
AROMA										
FLAVOR										

	0.5	1	1.5	2	2.5	3	3.5	4	4.5	5
SWEET										
ACIDIC										
SPICY										
CITRUS										
CHOCOLATE										
CARAMEL										
BITTER										
SAVORY										

BREW METHOD

DRIP ☐   ESPRESSO ☐   PRESS ☐

POUR-OVER ☐   SIPHON ☐   OTHER _________

NOTES _______________________________

____

____

____

____

____

____

____

RECOMMEND TO _______________________

____

____

____

____

____

____

____

COFFEE NAME ______________________________   DATE ________________

BEVERAGE ______________________________

PLACE TASTED ______________________________   PRICE ________________

COUNTRY / REGION ______________________________

COMPANY ______________________________

TESTING RATING

	0.5	1	1.5	2	2.5	3	3.5	4	4.5	5
APPEARANCE										
AROMA										
FLAVOR										

	0.5	1	1.5	2	2.5	3	3.5	4	4.5	5
SWEET										
ACIDIC										
SPICY										
CITRUS										
CHOCOLATE										
CARAMEL										
BITTER										
SAVORY										

BREW METHOD

DRIP ☐   ESPRESSO ☐   PRESS ☐

POUR-OVER ☐   SIPHON ☐   OTHER ________

NOTES ______________________________

____
____
____
____
____
____
____

RECOMMEND TO ______________________________

____
____
____
____
____
____
____

COFFEE NAME ________________________ DATE ________________

BEVERAGE ________________________

PLACE TASTED ________________________ PRICE ________________

COUNTRY / REGION ________________________

COMPANY ________________________

TESTING RATING

	0.5	1	1.5	2	2.5	3	3.5	4	4.5	5
APPEARANCE										
AROMA										
FLAVOR										

	0.5	1	1.5	2	2.5	3	3.5	4	4.5	5
SWEET										
ACIDIC										
SPICY										
CITRUS										
CHOCOLATE										
CARAMEL										
BITTER										
SAVORY										

BREW METHOD

DRIP ☐ ESPRESSO ☐ PRESS ☐

POUR-OVER ☐ SIPHON ☐ OTHER ________

NOTES ________________________

____

____

____

____

____

____

RECOMMEND TO ________________________

____

____

____

____

____

____

COFFEE NAME _______________________________ DATE _______________

BEVERAGE _________________________________

PLACE TASTED _______________________________ PRICE _______________

COUNTRY / REGION _______________________________

COMPANY _________________________________

TESTING RATING

	0.5	1	1.5	2	2.5	3	3.5	4	4.5	5
APPEARANCE										
AROMA										
FLAVOR										

	0.5	1	1.5	2	2.5	3	3.5	4	4.5	5
SWEET										
ACIDIC										
SPICY										
CITRUS										
CHOCOLATE										
CARAMEL										
BITTER										
SAVORY										

BREW METHOD

DRIP ☐   ESPRESSO ☐   PRESS ☐

POUR-OVER ☐   SIPHON ☐   OTHER _________

NOTES _______________________________

____

____

____

____

____

____

____

RECOMMEND TO _______________________________

____

____

____

____

____

____

____

COFFEE NAME _________________________________ DATE _________________

BEVERAGE _________________________________

PLACE TASTED _____________________________ PRICE _______________

COUNTRY / REGION _________________________

COMPANY _________________________________

TESTING RATING

	0.5	1	1.5	2	2.5	3	3.5	4	4.5	5
APPEARANCE										
AROMA										
FLAVOR										

	0.5	1	1.5	2	2.5	3	3.5	4	4.5	5
SWEET										
ACIDIC										
SPICY										
CITRUS										
CHOCOLATE										
CARAMEL										
BITTER										
SAVORY										

BREW METHOD

DRIP ☐   ESPRESSO ☐   PRESS ☐

POUR-OVER ☐   SIPHON ☐   OTHER _________

NOTES _________________________________

____

____

____

____

____

____

____

RECOMMEND TO _____________________

____

____

____

____

____

____

____

COFFEE NAME _______________________   DATE _______________

BEVERAGE _______________________

PLACE TASTED _______________________   PRICE _______________

COUNTRY / REGION _______________________

COMPANY _______________________

TESTING RATING

	0.5	1	1.5	2	2.5	3	3.5	4	4.5	5
APPEARANCE										
AROMA										
FLAVOR										

	0.5	1	1.5	2	2.5	3	3.5	4	4.5	5
SWEET										
ACIDIC										
SPICY										
CITRUS										
CHOCOLATE										
CARAMEL										
BITTER										
SAVORY										

BREW METHOD

DRIP ☐   ESPRESSO ☐   PRESS ☐

POUR-OVER ☐   SIPHON ☐   OTHER _______

NOTES _______________________

____

____

____

____

____

____

____

____

RECOMMEND TO _______________________

____

____

____

____

____

____

____

____

COFFEE NAME ___________________________   DATE ___________________

BEVERAGE ___________________________

PLACE TASTED ___________________________   PRICE ___________________

COUNTRY / REGION ___________________________

COMPANY ___________________________

TESTING RATING

	0.5	1	1.5	2	2.5	3	3.5	4	4.5	5
APPEARANCE										
AROMA										
FLAVOR										

	0.5	1	1.5	2	2.5	3	3.5	4	4.5	5
SWEET										
ACIDIC										
SPICY										
CITRUS										
CHOCOLATE										
CARAMEL										
BITTER										
SAVORY										

BREW METHOD

DRIP ☐   ESPRESSO ☐   PRESS ☐

POUR-OVER ☐   SIPHON ☐   OTHER ___________

NOTES ___________________________

____

____

____

____

____

____

____

RECOMMEND TO ___________________________

____

____

____

____

____

____

____

COFFEE NAME ________________________________ DATE ________________

BEVERAGE ________________________________

PLACE TASTED ________________________________ PRICE ________________

COUNTRY / REGION ________________________________

COMPANY ________________________________

TESTING RATING

	0.5	1	1.5	2	2.5	3	3.5	4	4.5	5
APPEARANCE										
AROMA										
FLAVOR										

	0.5	1	1.5	2	2.5	3	3.5	4	4.5	5
SWEET										
ACIDIC										
SPICY										
CITRUS										
CHOCOLATE										
CARAMEL										
BITTER										
SAVORY										

BREW METHOD

DRIP ☐   ESPRESSO ☐   PRESS ☐

POUR-OVER ☐   SIPHON ☐   OTHER ________

NOTES

____

____

____

____

____

____

____

RECOMMEND TO

____

____

____

____

____

____

____

COFFEE NAME _______________________________   DATE _______________

BEVERAGE _______________________________

PLACE TASTED _______________________________   PRICE _______________

COUNTRY / REGION _______________________________

COMPANY _______________________________

TESTING RATING

	0.5	1	1.5	2	2.5	3	3.5	4	4.5	5
APPEARANCE										
AROMA										
FLAVOR										

	0.5	1	1.5	2	2.5	3	3.5	4	4.5	5
SWEET										
ACIDIC										
SPICY										
CITRUS										
CHOCOLATE										
CARAMEL										
BITTER										
SAVORY										

BREW METHOD

DRIP ☐   ESPRESSO ☐   PRESS ☐

POUR-OVER ☐   SIPHON ☐   OTHER _______

NOTES _______________________________

____

____

____

____

____

____

____

RECOMMEND TO _______________________________

____

____

____

____

____

____

____

COFFEE NAME _______________________ DATE _______________________

BEVERAGE _______________________

PLACE TASTED _______________________ PRICE _______________________

COUNTRY / REGION _______________________

COMPANY _______________________

TESTING RATING

	0.5	1	1.5	2	2.5	3	3.5	4	4.5	5
APPEARANCE										
AROMA										
FLAVOR										

	0.5	1	1.5	2	2.5	3	3.5	4	4.5	5
SWEET										
ACIDIC										
SPICY										
CITRUS										
CHOCOLATE										
CARAMEL										
BITTER										
SAVORY										

BREW METHOD

DRIP ☐   ESPRESSO ☐   PRESS ☐

POUR-OVER ☐   SIPHON ☐   OTHER _______________________

NOTES _______________________

____

____

____

____

____

____

____

RECOMMEND TO _______________________

____

____

____

____

____

____

____

COFFEE NAME ___________________________________ DATE ____________________

BEVERAGE ___________________________________

PLACE TASTED ___________________________________ PRICE ____________________

COUNTRY / REGION ___________________________________

COMPANY ___________________________________

TESTING RATING

	0.5	1	1.5	2	2.5	3	3.5	4	4.5	5
APPEARANCE										
AROMA										
FLAVOR										

	0.5	1	1.5	2	2.5	3	3.5	4	4.5	5
SWEET										
ACIDIC										
SPICY										
CITRUS										
CHOCOLATE										
CARAMEL										
BITTER										
SAVORY										

BREW METHOD

DRIP ☐   ESPRESSO ☐   PRESS ☐

POUR-OVER ☐   SIPHON ☐   OTHER __________

NOTES

____
____
____
____
____
____
____
____
____

RECOMMEND TO

____
____
____
____
____
____
____
____
____

COFFEE NAME ______________________________   DATE ________________

BEVERAGE ______________________________

PLACE TASTED ______________________________   PRICE ______________

COUNTRY / REGION ______________________________

COMPANY ______________________________

TESTING RATING

	0.5	1	1.5	2	2.5	3	3.5	4	4.5	5
APPEARANCE										
AROMA										
FLAVOR										

	0.5	1	1.5	2	2.5	3	3.5	4	4.5	5
SWEET										
ACIDIC										
SPICY										
CITRUS										
CHOCOLATE										
CARAMEL										
BITTER										
SAVORY										

BREW METHOD

DRIP ☐   ESPRESSO ☐   PRESS ☐

POUR-OVER ☐   SIPHON ☐   OTHER ________

NOTES ______________________________

RECOMMEND TO ______________________________

COFFEE NAME _______________________________   DATE _______________

BEVERAGE _______________________________

PLACE TASTED _______________________________   PRICE _______________

COUNTRY / REGION _______________________________

COMPANY _______________________________

TESTING RATING

	0.5	1	1.5	2	2.5	3	3.5	4	4.5	5
APPEARANCE										
AROMA										
FLAVOR										

	0.5	1	1.5	2	2.5	3	3.5	4	4.5	5
SWEET										
ACIDIC										
SPICY										
CITRUS										
CHOCOLATE										
CARAMEL										
BITTER										
SAVORY										

BREW METHOD

DRIP ☐   ESPRESSO ☐   PRESS ☐

POUR-OVER ☐   SIPHON ☐   OTHER _________

NOTES _______________________________

____

____

____

____

____

____

____

RECOMMEND TO _______________________________

____

____

____

____

____

____

____

COFFEE NAME ______________________________ DATE ______________________

BEVERAGE ______________________________

PLACE TASTED ______________________________ PRICE ______________________

COUNTRY / REGION ______________________________

COMPANY ______________________________

TESTING RATING

	0.5	1	1.5	2	2.5	3	3.5	4	4.5	5
APPEARANCE										
AROMA										
FLAVOR										

	0.5	1	1.5	2	2.5	3	3.5	4	4.5	5
SWEET										
ACIDIC										
SPICY										
CITRUS										
CHOCOLATE										
CARAMEL										
BITTER										
SAVORY										

BREW METHOD

DRIP ☐   ESPRESSO ☐   PRESS ☐

POUR-OVER ☐   SIPHON ☐   OTHER __________

NOTES ______________________________

____

____

____

____

____

____

____

RECOMMEND TO ______________________________

____

____

____

____

____

____

____

COFFEE NAME ______________________________ DATE ______________

BEVERAGE ______________________________

PLACE TASTED ______________________________ PRICE ______________

COUNTRY / REGION ______________________________

COMPANY ______________________________

TESTING RATING

	0.5	1	1.5	2	2.5	3	3.5	4	4.5	5
APPEARANCE										
AROMA										
FLAVOR										

	0.5	1	1.5	2	2.5	3	3.5	4	4.5	5
SWEET										
ACIDIC										
SPICY										
CITRUS										
CHOCOLATE										
CARAMEL										
BITTER										
SAVORY										

BREW METHOD

DRIP ☐   ESPRESSO ☐   PRESS ☐

POUR-OVER ☐   SIPHON ☐   OTHER __________

NOTES ______________________________

____

____

____

____

____

____

____

RECOMMEND TO ______________________________

____

____

____

____

____

____

____

COFFEE NAME ___________________________ DATE ___________________

BEVERAGE ___________________________

PLACE TASTED ___________________________ PRICE ___________________

COUNTRY / REGION ___________________________

COMPANY ___________________________

TESTING RATING

	0.5	1	1.5	2	2.5	3	3.5	4	4.5	5
APPEARANCE										
AROMA										
FLAVOR										

	0.5	1	1.5	2	2.5	3	3.5	4	4.5	5
SWEET										
ACIDIC										
SPICY										
CITRUS										
CHOCOLATE										
CARAMEL										
BITTER										
SAVORY										

BREW METHOD

DRIP ☐   ESPRESSO ☐   PRESS ☐

POUR-OVER ☐   SIPHON ☐   OTHER ___________

NOTES ___________________________

____

____

____

____

____

____

____

RECOMMEND TO ___________________________

____

____

____

____

____

____

____

COFFEE NAME ________________________ DATE ________________

BEVERAGE ________________________

PLACE TASTED ________________________ PRICE ________________

COUNTRY / REGION ________________________

COMPANY ________________________

TESTING RATING

	0.5	1	1.5	2	2.5	3	3.5	4	4.5	5
APPEARANCE										
AROMA										
FLAVOR										

	0.5	1	1.5	2	2.5	3	3.5	4	4.5	5
SWEET										
ACIDIC										
SPICY										
CITRUS										
CHOCOLATE										
CARAMEL										
BITTER										
SAVORY										

BREW METHOD

DRIP ☐   ESPRESSO ☐   PRESS ☐

POUR-OVER ☐   SIPHON ☐   OTHER ________

NOTES ________________________

____

____

____

____

____

____

____

RECOMMEND TO ________________________

____

____

____

____

____

____

____

COFFEE NAME _______________________________   DATE _______________________

BEVERAGE _______________________________

PLACE TASTED _______________________________   PRICE _______________________

COUNTRY / REGION _______________________________

COMPANY _______________________________

TESTING RATING

	0.5	1	1.5	2	2.5	3	3.5	4	4.5	5
APPEARANCE										
AROMA										
FLAVOR										

	0.5	1	1.5	2	2.5	3	3.5	4	4.5	5
SWEET										
ACIDIC										
SPICY										
CITRUS										
CHOCOLATE										
CARAMEL										
BITTER										
SAVORY										

BREW METHOD

DRIP ☐   ESPRESSO ☐   PRESS ☐

POUR-OVER ☐   SIPHON ☐   OTHER _______

NOTES _______________________________

____

____

____

____

____

____

____

RECOMMEND TO _______________________________

____

____

____

____

____

____

____

COFFEE NAME ________________________________ DATE ________________

BEVERAGE ____________________________________

PLACE TASTED ________________________________ PRICE ________________

COUNTRY / REGION ____________________________

COMPANY _____________________________________

TESTING RATING

	0.5	1	1.5	2	2.5	3	3.5	4	4.5	5
APPEARANCE										
AROMA										
FLAVOR										

	0.5	1	1.5	2	2.5	3	3.5	4	4.5	5
SWEET										
ACIDIC										
SPICY										
CITRUS										
CHOCOLATE										
CARAMEL										
BITTER										
SAVORY										

BREW METHOD

DRIP ☐   ESPRESSO ☐   PRESS ☐

POUR-OVER ☐   SIPHON ☐   OTHER ________

NOTES

____

____

____

____

____

____

____

____

RECOMMEND TO ________________

____

____

____

____

____

____

____

____

COFFEE NAME _______________________ DATE _______________

BEVERAGE _______________________________________

PLACE TASTED _______________________ PRICE _______________

COUNTRY / REGION _______________________

COMPANY _______________________

TESTING RATING

	0.5	1	1.5	2	2.5	3	3.5	4	4.5	5
APPEARANCE										
AROMA										
FLAVOR										

	0.5	1	1.5	2	2.5	3	3.5	4	4.5	5
SWEET										
ACIDIC										
SPICY										
CITRUS										
CHOCOLATE										
CARAMEL										
BITTER										
SAVORY										

BREW METHOD

DRIP ☐   ESPRESSO ☐   PRESS ☐

POUR-OVER ☐   SIPHON ☐   OTHER _______________

NOTES _______________________

____

____

____

____

____

____

RECOMMEND TO _______________________

____

____

____

____

____

____

COFFEE NAME ___________________________ DATE ___________________

BEVERAGE ____

PLACE TASTED ___________________________ PRICE ___________________

COUNTRY / REGION ___________________________

COMPANY ___________________________

TESTING RATING

	0.5	1	1.5	2	2.5	3	3.5	4	4.5	5
APPEARANCE										
AROMA										
FLAVOR										

	0.5	1	1.5	2	2.5	3	3.5	4	4.5	5
SWEET										
ACIDIC										
SPICY										
CITRUS										
CHOCOLATE										
CARAMEL										
BITTER										
SAVORY										

BREW METHOD

DRIP ☐   ESPRESSO ☐   PRESS ☐

POUR-OVER ☐   SIPHON ☐   OTHER ___________

NOTES ___________________________

____

____

____

____

____

____

____

RECOMMEND TO ___________________________

____

____

____

____

____

____

____

COFFEE NAME _________________________________   DATE _________________

BEVERAGE _________________________________

PLACE TASTED _______________________________   PRICE _________________

COUNTRY / REGION _____________________________

COMPANY ___________________________________

TESTING RATING

	0.5	1	1.5	2	2.5	3	3.5	4	4.5	5
APPEARANCE										
AROMA										
FLAVOR										

	0.5	1	1.5	2	2.5	3	3.5	4	4.5	5
SWEET										
ACIDIC										
SPICY										
CITRUS										
CHOCOLATE										
CARAMEL										
BITTER										
SAVORY										

BREW METHOD

DRIP ☐   ESPRESSO ☐   PRESS ☐

POUR-OVER ☐   SIPHON ☐   OTHER _________

NOTES _______________________________   RECOMMEND TO _______________________________

COFFEE NAME _______________________________ DATE _______________

BEVERAGE _______________________________________

PLACE TASTED _______________________________ PRICE _______________

COUNTRY / REGION _______________________________

COMPANY _______________________________

TESTING RATING

	0.5	1	1.5	2	2.5	3	3.5	4	4.5	5
APPEARANCE										
AROMA										
FLAVOR										

	0.5	1	1.5	2	2.5	3	3.5	4	4.5	5
SWEET										
ACIDIC										
SPICY										
CITRUS										
CHOCOLATE										
CARAMEL										
BITTER										
SAVORY										

BREW METHOD

DRIP ☐   ESPRESSO ☐   PRESS ☐

POUR-OVER ☐   SIPHON ☐   OTHER _________

NOTES _______________________________

____

____

____

____

____

____

____

RECOMMEND TO _______________________________

____

____

____

____

____

____

____

COFFEE NAME __________________________________ DATE __________________

BEVERAGE __________________________________

PLACE TASTED __________________________________ PRICE __________________

COUNTRY / REGION __________________________________

COMPANY __________________________________

TESTING RATING

	0.5	1	1.5	2	2.5	3	3.5	4	4.5	5
APPEARANCE										
AROMA										
FLAVOR										

	0.5	1	1.5	2	2.5	3	3.5	4	4.5	5
SWEET										
ACIDIC										
SPICY										
CITRUS										
CHOCOLATE										
CARAMEL										
BITTER										
SAVORY										

BREW METHOD

DRIP ☐   ESPRESSO ☐   PRESS ☐

POUR-OVER ☐   SIPHON ☐   OTHER __________

NOTES __________________________________

____

____

____

____

____

____

____

RECOMMEND TO __________________________________

____

____

____

____

____

____

____

COFFEE NAME ____________________________   DATE ____________________

BEVERAGE ____________________________

PLACE TASTED ____________________________   PRICE ____________________

COUNTRY / REGION ____________________________

COMPANY ____________________________

TESTING RATING

	0.5	1	1.5	2	2.5	3	3.5	4	4.5	5
APPEARANCE										
AROMA										
FLAVOR										

	0.5	1	1.5	2	2.5	3	3.5	4	4.5	5
SWEET										
ACIDIC										
SPICY										
CITRUS										
CHOCOLATE										
CARAMEL										
BITTER										
SAVORY										

BREW METHOD

DRIP ☐   ESPRESSO ☐   PRESS ☐

POUR-OVER ☐   SIPHON ☐   OTHER __________

NOTES ____________________________
____
____
____
____
____
____
____

RECOMMEND TO ____________________________
____
____
____
____
____
____

COFFEE NAME __________________________________ DATE __________________

BEVERAGE ____

PLACE TASTED ____________________________ PRICE ________________

COUNTRY / REGION ____________________________

COMPANY ______________________________________

TESTING RATING

	0.5	1	1.5	2	2.5	3	3.5	4	4.5	5
APPEARANCE										
AROMA										
FLAVOR										

	0.5	1	1.5	2	2.5	3	3.5	4	4.5	5
SWEET										
ACIDIC										
SPICY										
CITRUS										
CHOCOLATE										
CARAMEL										
BITTER										
SAVORY										

BREW METHOD

DRIP ☐   ESPRESSO ☐   PRESS ☐

POUR-OVER ☐   SIPHON ☐   OTHER _________

NOTES __________________________________

RECOMMEND TO ________________________

COFFEE NAME _______________________________ DATE _______________

BEVERAGE _______________________________

PLACE TASTED _______________________________ PRICE _______________

COUNTRY / REGION _______________________________

COMPANY _______________________________

TESTING RATING

	0.5	1	1.5	2	2.5	3	3.5	4	4.5	5
APPEARANCE										
AROMA										
FLAVOR										

	0.5	1	1.5	2	2.5	3	3.5	4	4.5	5
SWEET										
ACIDIC										
SPICY										
CITRUS										
CHOCOLATE										
CARAMEL										
BITTER										
SAVORY										

BREW METHOD

DRIP ☐   ESPRESSO ☐   PRESS ☐

POUR-OVER ☐   SIPHON ☐   OTHER _________

NOTES _______________________________

____

____

____

____

____

____

RECOMMEND TO _______________________________

____

____

____

____

____

____

COFFEE NAME _______________________ DATE _______________________

BEVERAGE _______________________

PLACE TASTED _______________________ PRICE _______________________

COUNTRY / REGION _______________________

COMPANY _______________________

TESTING RATING

	0.5	1	1.5	2	2.5	3	3.5	4	4.5	5
APPEARANCE										
AROMA										
FLAVOR										

	0.5	1	1.5	2	2.5	3	3.5	4	4.5	5
SWEET										
ACIDIC										
SPICY										
CITRUS										
CHOCOLATE										
CARAMEL										
BITTER										
SAVORY										

BREW METHOD

DRIP ☐   ESPRESSO ☐   PRESS ☐

POUR-OVER ☐   SIPHON ☐   OTHER _______________

NOTES _______________________

____
____
____
____
____
____
____

RECOMMEND TO _______________________

____
____
____
____
____
____
____

COFFEE NAME ________________________________   DATE ____________________

BEVERAGE ________________________________

PLACE TASTED ________________________________   PRICE ______________

COUNTRY / REGION ________________________________

COMPANY ________________________________

TESTING RATING

	0.5	1	1.5	2	2.5	3	3.5	4	4.5	5
APPEARANCE										
AROMA										
FLAVOR										

	0.5	1	1.5	2	2.5	3	3.5	4	4.5	5
SWEET										
ACIDIC										
SPICY										
CITRUS										
CHOCOLATE										
CARAMEL										
BITTER										
SAVORY										

BREW METHOD

DRIP ☐   ESPRESSO ☐   PRESS ☐

POUR-OVER ☐   SIPHON ☐   OTHER __________

NOTES ________________________________

____

____

____

____

____

____

____

RECOMMEND TO ______________

____

____

____

____

____

____

____

9 783347 029156